講座
図書館情報学

9

山本順一
[監修]

図書館
情報資源概論

人を育てる情報資源のとらえかた

藤原是明

[編著]

ミネルヴァ書房

「講座・図書館情報学」刊行によせて

　（現生）人類が地球上に登場してからおよそ20万年が経過し、高度な知能を発達させたヒトは70億を数えるまで増加し、地球という惑星を完全に征服したかのような観があります。しかし、その人類社会の成熟は従来想像もできないような利便性と効率性を実現したものの、必ずしも内に含む矛盾を解消し、個々の構成員にとって安らかな生活と納得のいく人生を実現する方向に向かっているとはいえないようです。科学技術の格段の進歩発展の一方で、古代ギリシア、ローマと比較しても、人と社会を対象とする人文社会科学の守備範囲は拡大しこそすれ、狭まっているようには思えません。

　考古学は紀元前4000年代のメソポタミアにすでに図書館が設置されていたことを教えてくれました。図書館の使命は、それまでの人類の歴史社会が生み出したすべての知識と学問を集積するところにありますが、それは広く活用され、幸福な社会の実現に役立ってこそ意味があります。時代の進歩に見合った図書館の制度化と知識情報の利用拡大についての研究は図書館情報学という社会科学に属する学問分野の任務とするところです。

　1990年代以降、インターネットが急速に普及し、人類社会は高度情報通信ネットワーク社会という新しい段階に突入いたしました。4世紀あたりから知識情報を化体してきた書籍というメディアは、デジタルコンテンツに変貌しようとしております。図書館の果たしてきた役割はデジタル・ライブラリーという機能と人的交流と思考の空間に展開しようとしています。本講座では、サイバースペースを編入した情報空間を射程に収め、このような新たに生成しつつある図書館の機能変化と情報の生産・流通・蓄積・利用のライフサイクルについて検討・考察を加えます。そしてその成果をできるだけ明快に整理し、この分野に関心をもつ市民、学生に知識とスキルを提供しようとするものです。本講座を通じて、図書館のあり方とその未来について理解を深めて頂けたらと思います。

　2013年3月

山 本 順 一

は じ め に

　人は、情報資源とともに生きている。太古から、口頭ではすぐに消えてしまう情報を、人から人へ語り継いだり、洞窟の壁面や石、粘土、動物の皮や骨、植物そのものや植物からつくりだしたパピルスや紙など、それぞれの時代や地域で調達できるものに記して、保存しながら利用して、人は生活を営んできた。情報資源を保存して利用できる場所のひとつとして、図書館は誕生してきたのである。情報がデジタル化されて、高度に発達した情報通信技術を利用して、すぐに、なおかつ、無駄なく情報を入手できるようになったいまでも、図書館の役割は変わっていない。

　司書資格取得をめざしている学生たちや司書講習の受講生たちだけではなく、現在図書館とかかわっている方々にとっても、本書が有益な「情報資源」になることを願っている。本書が絶版になり、古書になったときでも、「内容は古いけど、いまでも使えそうなことが書いてある」とつぶやいてもらえる情報資源でありたい。

　本書の出版の機会を与えてくださったのは、桃山学院大学の山本順一先生と、ミネルヴァ書房の水野安奈氏である。また企画から校正までは、同社の柿山真紀氏にたいへんご尽力をいただいた。深く感謝を申し上げたい。本書を共に執筆したみなさんは、わがままな編著者を素直に受け入れて、忍耐強く、それぞれの作品を完成させてくれた。心から感謝を申し上げたい。

　最後に、いつもささえてくれた親友である平井尊士氏に、本書をささげたい。

2018年5月

編著者　藤 原 是 明

図書館情報資源概論

――人を育てる情報資源のとらえかた――

目　次

はじめに

第1章　図書館情報資源のとらえかた……………………………………… 1

1　情報とメディアのとらえかた　1

2　情報を取り出すチカラ　2

3　情報資源のとらえかた　3

コラム1.1　「情報」ということば　4

コラム1.2　図書の定義　5

第2章　手書き写本と印刷本 ………………………………………… 6
──その書写材とと制作工程

1　粘土板文書　6

2　パピルスの書物　9

3　羊皮紙写本　15

4　紙と印刷本　27

5　本づくりの歴史から見直す「本」の価値　35

コラム2　現代ペルガモンの羊皮紙事情　36

第3章　デジタル情報資源 ………………………………………………… 37

1　コンピュータと図書館　37

2　図書館におけるコンピュータの応用　38

3　伝統的な情報資源のデジタル化　39

4　各種媒体のデジタルへの対応　41

5　インターネットの情報資源　46

6　デジタル情報資源の実際　48

コラム3　デジタル世界とどうつきあうか考えよう　54

第4章　図書館情報資源の選びかた …………………………………… 55

1　選書のとらえかた　55

2　選書のプロセスと諸要素　59

目　次

$\boxed{3}$　複本の考えかた　73

$\boxed{4}$　情報資源の新陳代謝　73

$\boxed{5}$　拡張するコレクション概念　74

コラム4　利用者ニーズと書架と陳列棚　76

第5章　地域と行政の情報資源 …………………………………77

$\boxed{1}$　地域資料の定義とその変遷　77

$\boxed{2}$　地域資料の種類　82

$\boxed{3}$　地域資料の蔵書評価　94

$\boxed{4}$　地域資料の保存とデジタル化　98

コラム5　地域資料としての社会科地域副読本　103

第6章　学術研究のための情報資源 ………………………104

$\boxed{1}$　図書館における学術情報資源のありかた　104

$\boxed{2}$　学術情報とは何か　105

$\boxed{3}$　学術情報をどう扱うか　109

$\boxed{4}$　図書館からの発信　111

コラム6　学問の自由について考えよう　116

第7章　障害者サービスのための情報資源 ……………117

$\boxed{1}$　障害者サービスのための情報資源とは　117

$\boxed{2}$　読みかたによる情報資源の種類　121

$\boxed{3}$　障害者サービスのための情報資源の貸出　138

$\boxed{4}$　障害者サービスのための情報資源のPR　139

$\boxed{5}$　障害者サービスのための情報資源のこれから　139

コラム7.1　障害の「がい」　140

コラム7.2　利用者に教わる　141

第8章　図書館情報資源の流通 …………………………………142

$\boxed{1}$　出版社　142

v

2 取　次　142

3 書　店　143

4 図書館流通センターにおける流通　144

5 再販制度と委託販売　145

コラム8　図書館は著者の味方です！　147

第9章　図書館情報資源の管理……………………………………148

1 情報資源の受入　148

2 蔵書の管理と評価法　158

コラム9　寄贈資料の受入と廃棄　166

第10章　人を育てる情報資源………………………………………167

1 自尊心と想像力を育てる情報資源　167

2 大人からの愛情の手わたし　168

コラム10　情報資源とのつきあいかた　169

参考文献

索引

第1章	図書館情報資源のとらえかた

　人にとって、情報は、水や空気と同じ存在である。それなしには、生きられない。自らの体内でも、細胞間での情報のやりとりがあり、人として生きていられる。わたしたちのそのやりとりが、わたしたちひとりひとりが情報をつくることにつながり、ほかの人とのあいだで情報をやりとりすることにより、「人」が「人間」となり、それぞれがささえあって生きることで、「人間社会」が成り立っている。その社会のなかで、図書館も、人がつくった情報を、ほかの人に手渡している場所である。図書館が、わたしたちのために所蔵している情報資源が、図書館情報資源である。

1　情報とメディアのとらえかた

　情報は、無形である。Simpson, J. A. and Weiner, E. S. C.（eds.）*Oxford English Dictionary*, 2nd ed.（Oxford University Press, 1989, 20vols.）には、"information" のことばの幹になっている "inform" の項目があり、"having no definite or regular form; unshapen, misshapen, deformed"（定まった形がない、無形、変形〔著者訳〕）、"without form; formless"（形をともなわない、定形ではない〔著者訳〕）と記述されている（vol. 7 の p. 942より）。日本国語大辞典第二版編集委員会・小学館国語辞典編集部編『日本国語大辞典　第2版』（小学館, 2000-2002, 14冊.）の「情報」の項目には、「文字、数字などの記号、音声など、いろいろの媒体によって伝えられる」と記述されており（第7巻の p. 262より）、新村出編『広辞苑　第7版』（岩波書店, 2018, 3188p.）の「情報」の項目には、「種々の媒体を介しての知識」と記述されている（p. 1455より）。情報は、さま

ざまな媒体を使わないと存在できないのである。無形の情報は、人々のくふう
によって生み出されてきた有形の媒体に入れられて、人々のあいだでやりとり
され、時を越えて、利用されてきた。有形の媒体を「メディア（media）」と呼
ぶこともあり、無形の情報が入っている状態の有形の媒体は、「情報メディア」
である。

　形あるものは、いつの日か、こわれて、なくなってしまう。情報メディアも
同じである。有形の媒体であるメディアが、こわれて、なくなるということは、
なかに入っている無形の情報も、同じ運命をたどることになる。人々は、模写、
印刷、録音、録画、ダビング、ダウンロードなど、いろいろな方法を考え出し
て、無形の情報を新しい有形の媒体であるメディアに入れて保存しながら利用
してきた。そのくりかえしのなかで、人々はより使いやすい媒体をつくり、有
形の媒体であるメディアは進化してきた。人類が構築してきた知識は、人々が
つくりだしてきたさまざまなメディアに保存されて、いまも生きている。

② 情報を取り出すチカラ

　情報メディアは、自力で動くことができない。利用されるまで、ただただ待
つことしかできない。利用したい人が、自ら情報メディアに近づいて、手に取
り、利用するか、ほかのだれかが利用したい人に手渡すしかない。図書館も、
情報メディアを手に取り、利用する場所である。図書館情報資源の組織化や、
図書館における情報サービスのしくみが、自力で動くことのできない情報メ
ディアを、利用者に、近づけてくれるのである。

　情報メディアを手にしたあとは、有形の媒体であるメディアから、無形の情
報を取り出さないと、情報を使うことはできない。メディアの記号や文字や音
などの表現がわからないときには、メディアのなかにある情報までたどりつく
ことができないのである。

　有形の媒体であるメディアが人の視覚や聴覚や触覚などの感覚を刺激して、
無形の情報が人のからだのなかに入り、脳に到達する。そしてその情報と実像

との差を埋めてくれる「想像力」がはたらいて、「情報は伝わった」ということになる。情報が伝わって、その人のこころがどう動くのか。その「こころの動き」が、読書の楽しさや味わいであり、図書館にかかわるものの生きがいである。

③ 情報資源のとらえかた

　情報資源の「資源」とは、なにかをするための「もと」を意味する。藤堂明保編『学研漢和大字典　机上版』(学習研究社, 1980, 1740p.) によると、資源の「資」には、「それによって事をなすための、もとづくところ。よりどころ」という意味があり (p.1258より)、資源の「源」には、「水の流れ出るもと。いずみ」「物事の生じてくるもと」という意味がある (p.762より)。情報を使い、なにかをするための「もと」が、「情報資源」である。ちなみに、「資料」の「料」にも、「もとになるもの」という意味がある (p.577より)。料理本は料理をするための「もと」、いろいろな物語の本は生きていくための「もと」である。図書館も、人々が生きていくための「もと」を収集して、保存して、提供している場所である。

─■□コラム1.1□■─

「情報」ということば

　「情報」ということばは、中国語が起源ではないようである。北京・対外貿易大学ほか編『日中辞典　第3版』(小学館, 2015, 2115p.) の「情報」の項目によると、中国語では、多くの場合に「信息」(発音は [xìnxī]、カタカナ読みは「シィン　シィー」) ということばを使用しているようである (p. 893より)。

　日本ではじめて「情報」ということばが現れたのは、1876 (明治9) 年に刊行された『仏国歩兵陣中要務実地演習軌典』(内外兵事新聞局, 1876) であるとされている。酒井忠恕 (1850-1897) 陸軍少佐によるフランス語からの翻訳書である。フランス語の "renseignement" (発音は [rɑ̃sɛɲmɑ̃]、カタカナ読みは「ロンセニュモン」または「ロンセーニュモン」) の訳語として「敵情の報知 (報告)」(敵の様子や内情の知らせ) を意味する「情報」を用いたようである。後に、1901 (明治34) 年から1903 (明治36) 年に全8巻にて刊行された『大戦学理』(軍事教育会, 1901-1903) のドイツ語からの翻訳書にも、第1巻 (巻之一) と第2巻 (巻之二) の翻訳をした森鷗外 (1862-1922) が、ドイツ語の "Nachricht" (発音は [ˈnaːxrɪçt]、カタカナ読みは「ナハリヒト」または「ナーハリヒト」) の訳語として「情報」を用いている。いずれも戦争の専門用語としての「情報」であり、わたしたちがいま使っている「情報」ということばよりも意味が限定されていたようである[1]。

　1879 (明治12) 年に刊行された『民情一新』(福澤諭吉, 1879) にて、見聞を広めるについて、その著者である福澤諭吉 (1835-1901) が「インフオルメーション」ということばを用いている[2]。その意味を受け継ぎ、いまの「情報」の意味が定着したのは、1950年代半ばに確立した「情報理論 (information theory)」以降と考えられる (前掲の『日本国語大辞典　第2版』第7巻の p. 262より)。コンピュータの普及とともに、いまの「情報」ということばの意味が定着した影響から、「情報」ということばには、コンピュータやインターネットなどのデジタルな印象を持っている人は多いのではないだろうか。無形の情報の有形のいれものとしての「媒体」は、デジタルだけではない。デジタル以前の媒体も現存しているのである。図書館では、人々が生み出してきたさまざまな媒体に情報が保存されている。図書館にかかわる人たちは、冷静に、客観的に、それらの情報資源と向きあい、情報資源とのよりよいつきあいかたを追求していただきたい。

(藤原是明)

1) 仲本秀四郎『情報を考える』(丸善ライブラリー 073) 丸善, 1993, 178p. の p. 1-7と石井

第1章　図書館情報資源のとらえかた

健一郎『「情報」を学び直す』（NTT 出版ライブラリーレゾナント 033）NTT 出版，2007，225p. の p. 26-28より。「情報」を意味するフランス語とドイツ語の原語については著者調べによる。
２）仲本，前掲書の p. 4 より。

■□コラム1.2□■

図書の定義

　図書とは、国内で出版され、かつ、公衆の利用に供される少なくとも49ページ（表紙を除く）以上の印刷された不定期刊行物をいう。この定義を含む勧告（recommendation）が、フランス共和国のパリ（Paris）にて開催された第13回ユネスコ総会（The General Conference of the United Nations Educational, Scientific and Cultural Organization）において1964年11月19日に採択され、その後、ブルガリア共和国のソフィア（Sofia）にて開催された第23回ユネスコ総会において、改正された勧告が1985年11月１日に採択された。この定義は、国際連合に加盟している各国の出版統計のためのものではあるが、「49ページ以上（表紙を除く）の印刷された不定期刊行物」という定義は、図書をたくさん扱う図書館にとっては、参考にすべきものである。ちなみに、「５ページ以上48ページ以下（表紙を除く）の印刷された不定期刊行物」は、小冊子である*)。

（藤原是明）

＊）文部科学省日本ユネスコ国内委員会『ユネスコ総会で採択された勧告一覧 /Recommendations』http://www.mext.go.jp/unesco/009/004.htm（参照 2017.12.23）から入手した「図書及び定期刊行物の出版についての統計の国際的な標準化に関する勧告（仮訳）」（タイトル中の誤植「国際化な」を「国際的な」に著者が訂正）http://www.mext.go.jp/unesco/009/1387084.htm（参照 2017.12.23）と「図書、新聞及び定期刊行物の出版及び配布についての統計の国際的な標準化に関する改正勧告（仮訳）」http://www.mext.go.jp/unesco/009/1387396.htm（参照 2017.12.23）より。

第2章	手書き写本と印刷本
	──その書写材と制作工程

　本章では、人間の「書物」の歴史をその材料と制作工程を中心に概説する。全地域を扱うには紙面が限られているため、通史に言及はしながらも、ここではとくに西洋の写本制作および印刷物制作を中心にした記述を行う。通史に関しては各種文献の記述に拠るところが多いが、書物の制作工程については筆者が実際に制作をした体験に基づいた記述も盛り込むことで、歴史の単調な記述にとどまらず、読者の皆さんにも「本」をつくることに対する臨場感を感じていただけるような内容とした。なお、図は原則筆者蔵の撮影である。

1 粘土板文書

　人間の文字が記されるようになったのはいつ頃なのだろうか。現在知り得る最古の「文字」は紀元前約3200年頃のメソポタミアの絵文字である。「古拙文字」と呼ばれ、文字というよりも丸や三角などで数やモノを表す簡単な記号のようなものであった。この「文字」が次第に複雑さを増していくとともに、刻みやすいように直線のみで構成されるようになり、線の向きも一定方向に整理されていった。一般的に「楔形文字」といわれる。文字の数も絞り込まれてゆき、紀元前3000年頃のシュメール文字では1000～1500文字あったものが、紀元前2300年頃のアッカド文字では600文字、そして紀元前1300年頃ウガリト文字では31文字までに減少している。

1.1 粘　土
　アッカド文字が刻まれている図2.1は、メソポタミア地方に豊富に存在する

第 2 章 手書き写本と印刷本

図2.1 紀元前1800年頃の
アッカド語文書

図2.2 粘土の精製実験（水に浸して粒子
の大きさを分ける）

粘土である。ただし、砂や土が豊富にあるからといってすぐにつくれるわけではなく、泥から精製しなければならない。地面から採取した未精製の「泥」に文字を刻もうとしても粗すぎてはっきりと刻むことができない。また乾燥後ボロボロと崩れてくる。とくに細かな凹みで文字を表現する楔形文字は、きめ細やかな表面性をもつ粘土を入手することが必須である。

粘土はユーフラテス川沿いなどに堆積している「沖積粘土」からできている。通常の土とは異なり、植物や動物の死骸などの有機物が分解されて粘着性をもつものだ。採取した泥を水に浸しておくと、軽いゴミは表面に浮き、重い石や砂の粒子は底に沈む（図2.2）。中間層に沈殿したキメの細かい粘土部分のみを取り出し、水分を蒸発させて利用するのだ。この地方では日干し煉瓦が生産されているが、煉瓦用のものよりもよりキメの細かいものが使用される。

1.2　楔形文字

楔形文字の発達以前は、この粘土を丸めたり、さまざまな形にした「ブッラ」（Bulla）というものが使用されていた。それぞれの形が物品や数などを表す。その後、次第に粘土に印鑑のような型押しをして印をつけるようになった。文字を「書く」のではなく形を押しつけて転写する「印刷」と考えることもできるだろう。文字を「書く」前に、ある種の印刷技術があったと考えると興味

深い。

　この型押しから始まり、次第に粘土の上に葦の茎を削いで角をつけた尖筆を押しつけて文字を刻むようになった（図2.3）。古拙文字では曲線も多用されていたが、次第に抽象的になり、速く刻めるように直線のみになった。単純なように見えるが、縦、横、斜めの角度に加え、尖筆を深く押し込む場合と浅く押し込む場合で印の大きさが変わったりと、意外に多様性があり便利なのだ。

図2.3　文字刻み

　その他のあらゆる文字と同様、楔形文字にも上手い下手がある。実際に当時メソポタミアの学校で生徒が練習で刻んだ文字と先生の見本の文字が刻まれている粘土板が大英博物館などで保管されている。東京の国立博物館でも生徒が刻んだ粘土板が所蔵されている。これらを見ると、文字のシャープさや長さの均一さ、リズム、角度の統一感など明らかな違いが見られる。先生の文字のほうが、現代風の言い方をすると「解像度が高い」。つまり細かい文字をくっきりと刻んである。

　古代メソポタミアの文学「学校時代」という題名の作品に、当時の学校教育の様子がわかる一節がある。

　ぼくの先生は「君の文字は下手だ」といいました。そして先生はぼくを鞭で叩きました[1]。

　言葉を音声で伝えることは簡単だが、「文字」という道具を使って伝達できるようになるには、このように厳しい訓練が必要だったわけだ。
　文字は、粘土板のおもて面（平らな側）に刻み、スペースがなくなったら一番下の行からくるりと上下に裏返して裏面（丸みを帯びた側）に継続する。文字

---

[1] 小林登志子『シュメル：人類最古の文明』（中公新書1818）中央公論新社，2005，300p.の p. 210より。

を刻むのに時間がかかりすぎて粘土が乾いてくると、文字がくっきりと刻めなくなったりひび割れたりするため、水で湿らせる。逆に、濡らしすぎると、押し付けた葦ペンに粘土がくっついて毛羽立ってしまうので、水分調整もプロの書記には重要なスキルである。

1.3 粘土板文書の目的

　粘土板は、粘土の塊だけあって当然ながら重い。筆者所有の紀元前1800年頃の粘土板文書（8×5×2 cm）を計ってみたところ、87 gであった。そこに刻まれている情報量としては、現代のはがき1枚（3 g）に書ける程度である。当時の文書は持ち運ぶことをあまり意図していなかったことがわかる。粘土板が主に使用されていた期間、つまり約3000年間も「軽くしよう」というイノベーションは行われなかったわけだ。軽くするために中に藁を詰めて表面のみ粘土にするなどというものはこれまでに見つかっていない（中は粗い粘土で表面を滑らかな粘土で覆っているものはある）。つまり、当時は情報の「伝搬」というよりも情報の「記録」に主眼が置かれていたのであろう。

　紀元前3000年頃から使用されていた楔形文字は、アルファベットの誕生により紀元前100年頃に廃れた。楔形文字が刻まれる書写材の粘土板も他の文字体系にはふさわしくなく、同時に廃れていった。

2 パピルスの書物

2.1 パピルス紙の原料

　「パピルス」は、カヤツリグサ科の植物の名前である。古代はエジプトのナイル川沿いに生育していたが、現在はエジプトに自然に生えているものはなく、スーダンやウガンダなどに生育している。条件がよいと背丈は3 m近くまで伸びる（図2.4）。パピルス紙（図2.5）は、この草の茎を薄く削いで、格子状に重ねてプレスしてつくったシートのことをいう。

図2.5 パピルス紙

図2.4 パピルス草

2.2 パピルス紙のつくり方

ここでは、パピルス草からパピルス紙をつくる方法を段階ごとに紹介する。

(1) 茎の切断とスライス

まずは、パピルス草の茎を根元より少し上で切る。根本の方は水に浸かって色が茶色くなっているため紙づくりには適さない。切り口は少し丸みを帯びたおにぎり型三角形だ。茎の3辺の皮をナイフで剥ぎ取る。次に茎を厚さ2 mmほどにスライスして（図2.6）、リボン状の細長い切片をつくる。皮を剥いだ後の茎は真っ白で、スポンジのような質感だ。無数の空気穴と丈夫な繊維が縦に真っすぐ走っているため、スーッと気持ちよくスライスできる。2 mmの厚さは紙にするには厚すぎるように感じられるが、茎は空洞の多いフカフカな構造となっており、圧縮すると厚さはなんと約10分の1～20分の1となる。ふわふわの布団が、布団圧縮袋でせんべいのように薄くなる様子を想像してほしい。

(2) ローラーがけ

厚さ2 mmほどの切片に木の延し棒のようなローラーをかけて水分や空気を抜き平たくする。ローラーをかけるとサクッという音とともに厚さが約半分になり、つぶれた厚さ分若干幅が広くなる。ここまでが前工程である。

図2.6　茎のスライス　　　　　図2.7　積　層

(3) 水浸け

　パピルス切片を水に3〜6日間浸けておく（気温・水温により期間は異なる）。この期間に水中で軽い腐食が起こり、茎の組織が柔らかくなるのだ。最初は空気を含んで水に浮かびなかなか全体が浸からないため重しを乗せておく。

(4) 切片の配置

　上記期間水に浸けておくと、茎が黄色っぽくクニャリとなる。水分も十分吸収し、浮力のあった切片が水に沈むようになっており、触ると若干ねっとりとした粘り気がある。髄の組織が分解されゼラチン状に変化し、指で触ると糸を引く。水から出して、布を敷いた上に切片を横に並べ、その上から縦方向に重ねて並べる（図2.7）。この時、隣の切片の端に1〜2 mm重ねる形で隙間なく新しい切片を置いていく。

(5) 圧縮乾燥

　最後に、重しを乗せてプレスしながら約5日間乾燥させる。これにより、重ねた上下の層が接着剤などを用いなくとも圧着するのだ。この間、パピルスの上下に厚めの布を敷いて水分を吸収させ、濡れた布は毎日交換する。乾燥したらパピルス紙の出来上がりだ。

　水浸け直後は茶色っぽい色味だが、乾燥すると色は明るめになる。できたてはまだ分厚く、繊維や切片を重ねた継ぎ目の段差でペンが引っ掛かって書きづ

らいため、表面を滑らかな石や丸みを帯びた貝殻などで磨いて平らにする。研磨することでさらに圧縮されて厚さが乾燥直後の約3分の1となり、平らでしなやかな「紙」となるのだ。さらに、繊維や重なり部分にできる段差の影もなくなるため、全体的に白く見えるようにもなる。

　パピルス紙は裏表どちらでも筆写できるが、繊維が横に走っている側を表にして筆写するのが一般的である。パピルスの時代は巻物であったため、通常片面にのみ筆写された。紙面が足りなくなった場合や、古いパピルス紙を再利用する場合は、繊維が縦に走っている「裏側」にも筆写することがあったようだ。

2.3　筆写と彩色

　パピルス紙に文字を書くには、イグサや葦の茎の先端を細く削ったペンや、先端部分を叩いて繊維をほぐして筆のようにしたものを使う。太いペン軸に慣れた現代人にとっては持ちにくく、まるでボールペンの芯だけで文字を書いているようだ。「すだれ」に使われている茎1本を想像していただくとわかりやすいだろう。当然インクは内蔵されているわけではないので、ペン先をインクに浸して文字を書いた（図2.8）。

　筆写に使われるインクは、日本の墨と同様、ススである。墨はススをニカワで溶いたものであるが、古代エジプトや古代ギリシア・ローマにおいてパピルス筆写に使用されたインクはススを樹脂で溶いたものである。パピルス紙はインクをあまり吸い込まないので、間違えたら指に唾液をつけてこすれば消える。

　古代エジプトで、死者の墓に遺体とともに埋葬された来世の処世術が記載されている書物である「死者の書」など現存するパピルスの巻物を見ると、文字の他にさまざまな色を使った絵も描かれている。赤や黄色は土を使ったものが多い。緑はマラカイトという岩石が主体だ。パピルスに使用されている色で特徴的なのは、「エジプシャンブルー」といわれる色である（図2.9）。これは人類初の人工化学顔料とも言われているもので、水晶の粉に酸化銅やソーダ灰を混ぜて900度ほどの高温で焼成してできる色である。酸化銅の割合が多くなると鈍い灰色となるので、焼成時には微妙な調整が必要だ（図2.10）。酸化銅は全

図2.8 古代エジプト様式のペンとパレット付きペン入れ

図2.9 エジプシャンブルーの焼成

図2.10 エジプシャンブルー（左は酸化銅6％、右は酸化銅3％）

図2.11 プトレマイオス朝の民衆文字の文書（左）とギリシア文字の文書（右）

体の約6％ほどでよい。

2.4 文字と書記

　古代エジプトでは、王に関する文書や高位の宗教文書はヒエログリフ（神聖文字）で書かれた（多くの場合碑文として刻まれた）。一般の文学作品などはヒエログリフを崩したような文字であるヒエラティック（神官文字）、商業文書など日常の文書は筆記体のデモティック（民衆文字）が使われた。プトレマイオス朝期（紀元前4世紀〜紀元前1世紀）には、当時の為政者の言語であるギリシア語が使用され、デモティックとギリシア語のバイリンガル文書も多数出回った（図2.11）。

　古代エジプトでは書記が非常に高い地位をもっていた。多くの父親が息子に

抱く期待は、成長して書記になることであったという。書記になれば、人々の尊敬を受けるのみならず、兵役が免除となる特権もあるからである。また天候に左右される農業と異なり、収入も保障されている。ルーブル美術館には古代エジプトの書記坐像が残っているが、それは当時の書記の地位をよくあらわしているといえる。

2.5 巻物と冊子

古代の書籍は巻物であった。エジプトのパピルスの巻物は、長方形のパピルスのシートの一辺を重ねてのりで貼り合せて長くするというシンプルなものである。ただ、この貼り合せにも工夫があり、ペンの流れが継ぎ目でひっかからないように、貼り合せる部分を薄くして、継ぎ目が平坦になるように細工がされたりもした。ベルリンにあるエジプト博物館のパピルス修復師ミリアム・クルシュ（Myriam Krutzsch）氏によると、この継ぎ目には数種類の類型があり、それにより巻物が制作された地域が判別できるという。ラムセスⅢ世の時代（紀元前12世紀）には、平均的にパピルス20枚をつなげて1巻としていた。書記は、まっさらな状態で販売されている巻物を購入し、筆写をして、あまった分は切り取って別の用途で使用した。

1世紀ローマの詩人ティブルス（Albius Tibullus, c.55-c.19B.C.）によると、筆写後、巻物の外側は黄色や赤で彩色されたり、保護のため羊皮紙のカバーがつけられたりしたという。持ち手は木製や骨製の棒が取りつけられ、房のような飾りもつけられた。

本が巻物から冊子形態になったのは、古代ローマで使用された臘板という簡易メモ帳のようなものに端を発している。臘板（図2.12）とは、木の板をくぼませ、そこにススを混ぜて黒くした蜜臘を流し込んで尖筆で引っ掻いて文字を書く板のことである。文字を消すときは、尖筆の反対側についているヘラでならしたり、熱した炭を乗せた金属の板をかざして熱で臘を溶かしていた。その臘板を革ひもでいくつもつなげた形態が、冊子の原型であるといわれる。

この冊子という形態とパピルスや羊皮紙という書写材が融合し、今でいう

第 2 章 手書き写本と印刷本

図2.12 臘板（レプリカ、左側は臘がついてない状態）

図2.13 ナグハマディ写本製本構造（レプリカ）

「本」の形となった。

　パピルスの冊子で現存する最古のものは「ナグハマディ写本」（図2.13）といわれる 4 世紀頃にエジプトで筆写されたコプト語の文献である。パピルスを何枚も重ねて折り、折り目に穴を開けて革ひもを通して表紙に接合するという簡単な製本がなされていた。パピルスは植物繊維を単に重ねてあるだけなので、折り目に穴を開けてヒモを通すとそこから裂けてくる。そのため、パピルスの冊子製本には、革を折り目に当てがい、その上からヒモを通し、強度を保っている。

　パピルスは「巻き」には強いが「折り」には弱い。このような対策を施さないと、次第に折り目から破れてくる。その点、羊皮紙はこの冊子形態には断然強い。もともと 1 枚の皮なので、折って穴をあけてもビクともしない。この形態変化により、次第にパピルスは羊皮紙に書写材の座をゆずったのである。

3　羊皮紙写本

3.1　羊皮紙の起源

　羊皮紙は、紀元前 2 世紀にペルガモン（現在のトルコ共和国ベルガマ市）が発祥といわれる（図2.14）。1 世紀ローマの博物学者、大プリニウス（Gaius Plinius Secundus, 23-79）は、『博物誌』において次のように記載している。

15

図2.14 ペルガモン図書館の遺跡

「プトレマイオス王とエウメネス王の間で図書館についての争いがおこり、プトレマイオスはパピルスの輸出を停止し、そのためペルガモンにて羊皮紙が発明されたとウァロは伝えている。その後、この素材が一般に広まり、人類の不滅性が確立した」(プリニウス『博物誌』13巻,21章70節)

これが羊皮紙の起源に関して残っている最古の記述であるが、動物の皮に文字を書く習慣は、それよりはるか前にも行われていたようだ。エジプトで紀元前2500年ほどのもので、動物の皮に文字を記した文書が見つかっている。また、イラクのニネヴェにある紀元前5世紀頃のレリーフには、粘土板書記と、動物の皮と思われる書写材に文字を書いている2人の書記の姿が見られる。その他、パレスチナのヘブロンで紀元前9～7世紀頃と考えられる動物の皮に書かれた文書も見つかっている。古代ギリシアの歴史家ヘロドトス (Herodotus, c.485-c. 420B.C.) も、紀元前5世紀の著作『歴史』において、イオニア地方 (現在のトルコ共和国イズミル付近) では動物の皮に文字を書いていたと記している (第5巻58)。これらのことから、動物の皮に文字を書く伝統ははるか昔からあり、ペルガモンにてより洗練されたものが開発されたと考えられる。その後ペルガモンの羊皮紙はローマに伝わり、ラテン語で「カルタ・ペルガメーナ」(Carta Pergamena)、つまり「ペルガモンの紙」と呼ばれ、現在の羊皮紙を表す英語「パーチメント」(Parchment) の語源となった (図2.15)。

第2章 手書き写本と印刷本

図2.15 羊皮紙

  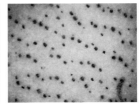

　仔牛（15世紀祈禱書）　　　羊（17世紀公文書）　　　山羊（15世紀祈禱書）
図2.16 各動物の表面特徴（毛側を50倍に拡大）

3.2 動物種

　日本語では「羊皮紙」と書き、あたかも「羊」に限定されているように思われるが、羊以外に山羊と仔牛が用いられる。仔牛は非常になめらかで質がよく、高級写本に用いられる。ドイツの写本は仔牛が多い。羊は最も一般的に利用される。とくにスペインはほぼすべて羊だ。羊皮はコラーゲン繊維の絡み合いが粗いため、カサカサと軽い質感が特徴だ。また皮脂の影響で若干黄色っぽいものが多い。山羊はイタリアやビザンティンなど南方で主に使用されていた。そもそも皮は食肉後の副産物であるため、気候や食文化が反映しているのであろう。山羊皮は毛穴が他の動物と比べて目立つ場合が多い（図2.16）。

17

図2.17 羊の生皮

3.3 羊皮紙のつくりかた

　ここで記載する方法は、12世紀ドイツの修道士テオフィルス（Theophilus Presbyter, ?-1125）が『さまざまの技能について』という書物に記した方法を、筆者の経験に基づき調整したものである。一言でいうと、毛深く分厚い動物の皮膚をひたすら削ってペラペラな「紙」にするのだ。皮を両面から削り、体外・体内からの影響が少ない中心部の「清らかな」層を削り出す。ちなみに、羊皮紙をつくることを「羊皮紙をなめす」とはいわない。「なめす」とは漢字で書くと「鞣す」であるが、文字が示すとおり「柔らかくして革（レザー）にする」ことである。つまり羊皮紙を「なめす」と、レザーになってしまうので要注意だ。

　まずは生皮を牧場から入手する（図2.17）。梱包を開けると動物臭が鼻をつく。「紙を作るために動物を殺して、なんて残酷なんだろう」と思う人もいるが、ほとんどの場合は食肉用で消費された動物の余った皮を利用している。屠畜場で剥がされた皮はすぐ処理する方が作業的には楽なのだが、すぐに処理できない場合は、防腐のために塩漬け乾燥しておく。

(1) 洗浄・水浸け

　皮を水でよく洗い、塩と汚れを徹底的に落とし2日ほど水に浸けておく。こ

こで完全とは言わずともある程度汚れを落としておかないと、後工程で付着物が腐って悪臭を放ったり、原料の皮をいためてしまうことがあるため注意を要する。

(2) 脱毛・肉削ぎ・脱脂

次に脱毛を行う。当然毛が生えていたら文字が書けない。古代の製法では、水で湿らせた皮を直射日光にさらして表面を腐食させたり、足で踏みつけて強制的に毛を剥いだり、また動物の糞を溶かした水に浸けこんで表皮を腐らせ脱毛していた。8世紀頃になると、アラビアの女性が美容のために石灰で額の産毛を脱毛していたということから、皮の脱毛にも消石灰が使用されるようになったという。消石灰とは、学校の運動場のライン引きや園芸に使われているもので、私たちにもなじみ深い。水の重量に対して約10％の消石灰を入れて強アルカリ性（pH12）の水溶液をつくる。そこに皮を浸けておくと毛穴がゆるんで脱毛できるようになる。また表皮の組織を分解して脂肪などの余分な物質を取り除く目的もある。

そのまま約8日間石灰溶液に浸けておく。反応の偏りを避けるため、毎日少なくとも2～3回木の棒でかき混ぜる。真っ白だった溶液は、毛に絡まっていた汚れなどが溶け出し、次第に茶色く濁っていく。浸ける期間は気温によって異なる。関東あたりでは夏は5日ほどで十分である。棒などで毛を突いて剥がれるようになったらちょうどよい頃だ。

しっかりと石灰が浸透していれば、毛がズルっと取れるようになる。皮を太い水道管のような台に乗せて、両端に持ち手のあるカーブした「肉削ぎナイフ」で毛を抜く（図2.18）。このナイフは凸面に鋭利な刃があり、凹面がにぶくなっており、凹面で押し出すようにすると毛がまとまって抜ける。毛は腐敗臭のきつくなっている石灰水を大量に含んでいるため、この作業がニオイのピークだ。

次に肉削ぎナイフの鋭い凸面を使用して肉や脂肪がついている側をきれいにする。動物が羊の場合は、皮を裏返しナイフの凹面で表皮をジョリジョリと削

図2.18 脱毛と肉削ぎ

り取る。羊の皮は表皮の下に脂の層があるため、この作業をしないとかなり脂っぽい羊皮紙になってしまう。表皮は剥がれにくくしんどい作業だが、皮を破らないように注意しながらきれいにしていく。山羊や仔牛は脂が羊よりもはるかに少ないため表皮剝ぎ作業は行わない。また生まれて3カ月くらいまでの仔羊も表皮を剝がなくても使用できる。

再び石灰水に約8日間浸して脂を抜き、きれいな水に2日浸たして中和する。この過程を「再石灰浸」という。羊の場合はとくに皮に脂肪が多く含まれるため、この過程を省くと非常に脂っぽい羊皮紙になり、インクを弾いて書写材として適さない。また脂が酸化して黄色っぽくなる。よい羊皮紙をつくるには根気と時間が必要なのだ。

(3) 木枠に張って伸ばす

その後、きれいになった皮を、トランポリンの布のように木枠に張る。150×120cmほどの木枠の周囲にヒモをくくりつけてそのヒモの先端に皮の縁を取り付け伸ばす。古代は木枠にヒモを巻いただけの簡素なものであったと思われるが、中世になると木枠に穴を開けて木製の取っ手を差し込み、そこにヒモを巻いて張力をかけていくようになった。この取っ手を回していくと、ヒモが巻き取られて皮が四方八方に引っ張られる仕組みだ。

皮の縁に小石を包み、そこにヒモの先端を結び付けてテルテル坊主のような状態にしてヒモを引っ張る。フランスなどでは、木の棒を皮の縁に串刺し状に突き刺して、その棒の両端をヒモで引っ張る方法を取っていた。通常約20カ所にヒモを取り付けるが、取り付けポイントは多いほど皮のたるみがなく面積の無駄が少ない羊皮紙ができる。1本のヒモには大体4kgの張力がかかるため、これを20カ所とすると皮全体で約80kgの力がかかる。まだ動物の手足など形がはっきりとわかる状態なので、磔の刑のようで痛々しい。

(4) 削　り

　次に半月刀で表面を削る（図2.19）。半月刀とは刃の部分が半円状になっているナイフだ。刃先を皮に対して直角に当て、全身を使って上下左右に削っていく。この作業では、皮に含まれる水分や脂分を絞り出すとともに、残っている肉片や脂肪などを削ぎ落とす。皮の厚さはまだ1

図2.19　半月刀での削り（イギリス）

mmほどあり、ゴムのように弾力があるため、力を込めて削っても破れない。作業中、徐々にヒモが緩むので、逐次張力を調整しながら両面がきれいになるまで行う。

　約2日間風通しのよい日陰で乾燥させ、仕上げに表面を少し濡らし主に肉がついていた側を軽石でこすってゆく。風呂場の軽石で足裏の角質を除去するのと同様、羊皮紙づくりはまさに「スキンケア」なのである。こうすることでさらに薄く滑らかになる。厚さ1 mm以上の動物の皮を最終的には約5分の1から10分の1の厚さにする。パピルス紙は圧縮するだけで10分の1〜20分の1の厚さになるが、羊皮紙の場合は根気よく削ることでしか薄くできない。この作業では細かい削り粉で体が覆われるため、マスクをしていないと咳込む。油断すると羊皮紙に穴が開いたり破れたりして使い物にならなくなるため、最終段階では非常に神経を使う。最後に、白く不透明にするために、白亜の粉（炭酸カルシウム）を全体に刷り込む。その後、水で濡らした布で表面を拭いて毛羽立ちを落ち着かせて再度乾燥させる。

(5) 仕上げ

　最終的に、羊皮紙の縁をナイフで切って枠から取り外す。その後、床や机に置いた状態で再度細目の軽石などで磨いて筆写に適した表面に調整する。仔牛の場合は滑らかにしすぎるとインクの乗りが悪いため、少し毛羽立てた状態にする。また山羊皮が主流のビザンティンの羊皮紙は、卵白を塗布したり滑らか

な石で磨いてテカテカにしてある場合が多い。そうすることで装飾で施す金彩の輝きが増している。

　動物1頭分の羊皮紙が完成するまでの期間は約1カ月である。1頭分からとれるのはＡ４サイズ6枚程度だ。時間と手間を掛けているわりに成果は少ない。もちろん何頭も並行して処理をするため、1カ月にＡ４サイズ6枚ということではないが、1人が1日20頭分処理したとしても、1カ月でＡ４サイズ120枚にしかならない。職人の給料と組織の利益を考えると、現在の金額にして最低でもＡ４サイズ1枚3000円で販売しなければならないことになる。羊皮紙制作の工程を知るだけでも、当時の書物が高級品であったことが理解できるであろう。

3.4　写本制作

　羊皮紙には羽ペン（図2.20）が主に使用される。ガチョウの風切り羽根の軸先を万年筆のような形に加工する。右利きにはガチョウの左の翼から、左利きには右の翼からの羽根がよいらしい。カーブが手にフィットしやすいとの理由だ。ただ、実際使ってみるとどちらでもさほど変わらない。羽ペンにはインク垂れを防ぐ構造がないため、机の上に置いた羊皮紙に筆写しようとするとインクがボタ落ちしてしまう。インクの流れを制御するため、羽ペンを使用する際は書見台のように傾斜した台の上に羊皮紙を置いて筆写する。

　インクは、「没食子インク」という染料インクが用いられた。ブナなどの植物の芽にハチが卵を産み付けるとその部分の植物組織が異常成長をしてこぶ状になる。それが虫コブ（図2.21）と呼ばれるものであり、タンニン成分がたっぷり含まれている。この虫コブを砕いてお湯で煮出すと、タンニン豊富な液体ができあがる。その液体に鉄分を加えると、黒さびが瞬時に生じて黒くなる。防腐のために酢やワイン（アルコール）を加え、筆写に適したとろみを出すためにアラビアゴムを入れると出来上がりである。

　「タンニンなめしのレザー」という言葉を聞いたことがある方もいると思うが、生皮をタンニン溶液に浸しておくと、なめされてレザーになる。つまりこ

第 2 章　手書き写本と印刷本

図2.20　羽ペン

図2.21　虫コブ

のインクで羊皮紙に文字を書くと、ごく表面的にではあるがその部分がレザーとなるため、色が剥がれにくく、保存状態が良好であれば数千年後も読める状態で残る。また、インクは書いた直後は黒色なのだが、月日が経つと黒さびが赤さび成分となり、若干赤みや黄色みを持った色となる。中世の写本（図2.22）を見ると文字が茶色のものが多いが、最初から茶色のインクで書かれたわけではないのである。

　写本の文字を書く作業は骨が折れる。筆者も中世の祈禱書約350ページを1年かけて筆写しようと何度も決意をしたが、いつも10日ほどで挫折している。中世ヨーロッパ、とくに後半の時代で用いられていた文字は、角ばっていて余白が少なく非常に読みづらいし書きづらい。また3～4単語を筆写するとインクがかすれてくるのでペンにインクを付け直す作業を繰り返す。これを数百ページも延々と続けるのだ。

　当然、筆写する職人も人間なので、間違える。その際は、間違えたカ所が乾いてからナイフで表面を削って書き直したり、簡易的に赤線を引いて消したりする（図2.23）。

　中世の写字生が本を1冊書き終わったあと、コメントを最終ページに残してあることがあり、読むと面白い。

　書くということをあなたは知らない。それは非常に骨の折れる仕事だ。はらわたがひっくり返り、背は曲がる。この本を読むあなたよ、わたしのために

図2.22 中世写本の文字（15世紀フランドルにて制作）

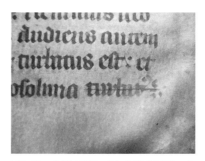

図2.23 赤線で消してある書き間違いの例（15世紀フランスにて制作）

祈りたまえ。

3.5　彩　飾

　筆写が終わった後、装飾イニシャルや余白の飾り、細密画など膨大な量の装飾を施す場合が多い。彩色の前に、まずはイニシャルなどに金箔を貼る。石膏、鉛白、ニカワ、砂糖やハチミツを混ぜた「ジェッソ」と呼ばれるとろりとした塗料を文字の形に塗って金字が盛り上がって見えるような土台をつくる。砂糖やハチミツを入れるのは、石膏だけではページをめくる際にパキっと折れてしまうため、柔軟性をもたせる目的がある。また、ジェッソを調合する際に材料を水で溶いてかき混ぜると細かい気泡が浮かび滑らかに仕上がらないため、中世の職人は「耳垢」を入れたという。実際に試してみると、おもしろいように気泡が消える。これは、耳垢の脂分が「消泡剤」の役割を果たしているのだ。実は耳垢でなくとも、アロマオイルをつまようじの先に少し付けてジェッソに入れるだけでも効果はある。ジェッソが固まったら、その上に金箔を貼る。ガ

第 2 章　手書き写本と印刷本

図2.24　彩色された15世紀の祈禱書

図2.25　中世写本彩色のための顔料サンプル

ラスをくもらせるときのように「ハー」っと息をジェッソに吐きかけると、ニカワの接着性が復活して、金箔を乗せると貼り付く。金箔をめのう棒で磨いてつやを出し、その後絵具で彩色をする。

　当時はチューブ入りの絵具などないため、色もすべて自前で用意する。中世写本に使用されていた色は、時代や地域で大幅に異なるが、合わせて約40種類にも上る。ただ、1冊の写本に使われる色はせいぜい5色程度で、不透明色の上に透明な染料系の色を重ねることでトーンや色味にバリエーションをもたせている（図2.24）。絵具の多くは、岩石を砕いた粉を卵白で溶いてつくられる（図2.25）。岩石のほかに、ブラジルスオウなど樹木からとれる染料系の絵具や、カイガラムシなど動物からつくられる絵具もあった。

　とくに高級な写本になると、遠くアフガニスタンで産出する「ラピスラズリ」などの高価な石を砕き、精製して深い青の顔料をつくり、とくに重要な聖母マリアの衣服などに限定して彩色した。また、皇帝に献呈する豪華写本には、ある種の貝の分泌物である紫色に発色する粘液を使って羊皮紙を染色し、金粉を溶いてつくったインクで筆写をしたといわれる。

3.6　製　本

　羊皮紙本の製本には、ビザンティン製本、カロリング製本、ロマネスク製本、ゴシック製本など、その時代や地域によりさまざまな様式がある。その共通項

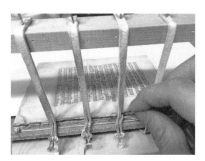

図2.26 製本（支持体への縫い付け）

図2.27 ゴシック製本（1600年頃）

図2.28 中世装丁のカットモデル（筆者制作）

を簡単に説明しよう。

　羊皮紙のページは、一般的に16ページの折丁を1単位とする。その折丁を重ね、白なめし革中央部に切れ目を入れた帯を支持体として各折丁を縫い付けていく（図2.26）。表紙の板に穴を開け、帯の両端を穴に通して表紙と折丁を接合する。

　羊皮紙の特性として、湿気に反応して波打ったりするなど変動が激しいことが挙げられる。そのうねりを抑えるため、羊皮紙の製本には分厚い板が表紙として使われる。歴史製本研究者のJ. A. シルマイ（J. A. Szirmai）によると、板の厚さは平均して1 cmほどとなる。その分厚い板に、革を張り、表紙が羊皮紙のうねりの力で開かないように留め金を取り付ける（図2.27、図2.28）。裏表紙の端に取り付けられたベルトや金具で、おもて表紙をしっかりと止める。留

め具がどちらの表紙に取り付けられているかは、地域によって異なる。

中世の冊子は横に寝かせた状態で上に書物を重ねて保管された。そのため、書物が傷つかないように、鎧のような保護金具も取り付けられた。

このように、羊皮紙の特性と、本の保管の形態により、とても重厚な製本形態となっている。

3.7　中世写本の価値

このような工程を経てつくられる写本は、どの程度の値段だったのだろうか。本のサイズやページ数、装飾の度合いなどによりピンからキリまである。仮に、ごく質素なハガキサイズの300ページほどの本（ちょうど現代の文庫本程度のもの）を1冊つくるとして、現代の羊皮紙価格等の相場で考えても、羊皮紙、筆写、装飾、プロジェクト管理など合わせて最低約150万円はするものと考えられる。羊皮紙や金などの材料費が何十万とかかるうえ、複数の職人を数カ月間拘束することを考えると、当然の金額であろう。

中世で本を買うという行為は、現代でいう自動車を買うことと同じような価値観であったと考えられるだろう。サイズや装飾の程度は、軽自動車かフェラーリかというような違いである。ただ、このような高価な本は、技術の発達とともに急激に庶民のものとなっていく。その技術とは、製紙と印刷である。

4　紙と印刷本

4.1　西洋の手漉き紙

私たちが日常使用している「紙」（図2.29）は、紀元105年に後漢の宦官、蔡倫（？-121）の命により「発明」されたといわれる（『後漢書』）。しかし、それ以前の紙が前漢時代の遺跡で出土していることから、蔡倫は製紙法の改良をしたと言ったほうが適切である。

中国製の紙は中東にも早い段階で伝わっている。ササン朝ペルシアの王のホスローⅡ世（Khosrow II, 在位590-628）は、羊皮紙の獣臭が耐えられず、香りづ

図2.29 西洋手漉き紙の手書き書類と印刷本

図2.30 亜麻布のシャツ

けをし、サフランで黄色く染色した中国製の紙を愛したという。

　製紙法については、751年に唐とアッバース朝の軍勢が対決したタラス河畔の戦いにおいて、唐の製紙職人が捕虜になったことでイスラム世界に伝わった。794年にはバグダッドに製紙場が造られた。当時イスラム諸国は羊皮紙を使用していたが、羊皮紙は表面を削れば文書の改ざんができてしまうため、アッバース朝のカリフ、ハールーン・アッラシード（Harun al-Rashid, 763-809）は808年に勅令を出し、宮廷で使用する文書が紙に変えられた。

　製紙法は11世紀にイスラム圏からスペインに入り、その後イタリアにも伝わりヨーロッパに広まった。紙の原料は庶民の着衣である麻や亜麻の古着（図2.30）からできている。つまり新しい紙の時点ですでに古着をリサイクルしてできる「リサイクルペーパー」なのである。これには、新しく原料を買うよりも古着のほうが原料コストが抑えられる利点と、すでに植物が繊維に加工されている利点（細かいゴミも除去されている）、また古いほうが繊維の分解がより早く進む利点がある。

　製紙工程は、紙の原料である「紙料」づくりから始まる。回収した古着からボタン等を取り外し、選別、裁断してから数週間湿った状態にして「発酵」させる（つまり腐らせる）（図2.31）。これにより、セルロース繊維を結合しているリグニンやペクチンなどの成分が分解され、紙の原料となるセルロース繊維の

第 2 章 手書き写本と印刷本

図2.31 発酵中の亜麻布

図2.32 スタンパーのミニチュア

みが残る。アジアの紙漉きではソーダ灰などのアルカリ溶液で4時間ほど煮ることで分解作業を行う。

　紙は、セルロース繊維同士が水素分子で結合することにより形成される。繊維を木槌などで叩いて繊維の表面に細かい傷をつけて毛羽立たせる（フィブリル化）ことにより、この繊維同士の「水素結合」が強まり、強い紙となる。つまり、結合ポイントを増やすことで強度を高めるのだ。このプロセスを「叩解」という。叩解は、中世ヨーロッパでは水車の力で「スタンパー」という（図2.32）大きな木槌を動かして、臼の中に入れた繊維を約1週間かけて叩いていた。1680年頃に、オランダで「ホレンダービーター」（オランダ式叩解機）（図2.33）という機械が発明されると、このプロセスが数時間で完了するようになり、製紙業に革命がもたらされた。

　紙をつくるのは羊皮紙づくりと比較して簡単そうに思われるが、紙漉き作業をする前の原料づくりにかなりの手間と時間がかかる。羊皮紙づくりはニオイがきついが、中世の紙づくりも汗と皮脂にまみれた古着を腐らせる臭いが伴う。生乾きの洗濯物が大量にあると想像していただきたい。それに加え、原料を叩く大きな打撃音が何時間もあるいは何日も絶え間なく続く。羊皮紙から紙に変

29

図2.33 小型のホレンダービーター

図2.34 布からできたパルプ

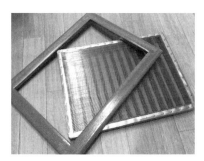
図2.35 西洋式の簀桁

図2.36 紙漉き

遷したからといって、決して楽になっているわけではないのだ。

　このようにしてできたパルプ（図2.34）を水に浮かべて「簀桁」といわれる紙漉き網ですくい上げて紙を漉く（図2.35、図2.36）。アジア、イスラム圏の簀は竹などの植物製だが、西洋のものは青銅などの金属線を並べて細い針金でつなげてつくられている。

　西洋の紙漉き方法は「溜め漉き」とよばれる。簀桁をパルプ液に沈めてそのままパルプをすくう最も単純な方法だ。一方和紙は、「流し漉き」という方法を使う。簀桁でパルプ液を適量すくった後、前後左右に大きく揺らしてパルプの薄い層をつくり、それを何度も繰り返して厚さと強度を増していく時間と手間のかかる方法である。この違いにより、伝統的な方法でつくる西洋の手漉き紙は、和紙と比較すると分厚く、表面の凹凸が目立つものが多い。

　すくった紙は、簀から羊毛フェルトに移し、プレス機で圧縮する。水分を絞

第2章　手書き写本と印刷本

るのと当時に、この時点で繊維と繊維が圧縮されて水素結合を起こし、パルプから「紙」となるのだ。その後吊り下げて空気乾燥させる。ただしこのままだと吸い取り紙のようにインクがにじんでしまうため、動物の皮や骨を煮込んでつくったニカワの溶液に浸してにじみ止めをする。再度圧縮、乾燥させた後、最後に滑石などで軽く表面を磨いて完成である。

　昔の紙は弱くてもろいイメージがあるが、このような材料と方法でできた紙は非常に丈夫なのだ。実際に15世紀につくられた紙を触ってみると、とても丈夫でしなやかなのがわかる。しかし、18世紀に強力なアルカリ性の薬品で木材からパルプを取り出す技術が開発され、にじみ止めのニカワの代わりに化学薬品が利用されるようになると、紙の生産量は飛躍的に上がった反面、非常にもろくなった。これは100年も経つとボロボロになる酸性紙問題として、資料保存における大きな課題となっている。

　原料づくりに時間がかかるとはいえ、1枚の紙をつくるためにかかる時間と費用は羊皮紙の比較にならないほど有利だ。羊皮紙は一度に1頭分でＡ４サイズ用紙6枚程度しかつくれないが、紙は原料さえできてしまえばスピーディーに量産が可能である。個人でも本が手に入るようになると、当然のごとく本の量産が必要となる。これまでのような「羊皮紙に手書き」という工程は新たな需要には見合わないプロセスとなった。

4.2　印刷術

　15世紀の半ば、紙の生産も徐々に勢いを増してくると同時に、ドイツで活版印刷技術が誕生した。1445年頃にドイツ、マインツのヨハネス・グーテンベルク（Johannes Gutenberg, c.1398-1468）が、鉛、錫、アンチモンの合金を鋳造した活字と、活字に粘着するように粘度を高くした油性のインキ、そしてブドウの圧搾機を改良してつくった印刷機で印刷する工程を始めた。

　活版印刷は、手書きの原稿を見ながら活字を並べて版を作製し、その版の上にインキを塗り、紙を上から押し付けて印刷するというシンプルな方法である（図2.37）。最初に原稿を見ながら一文字一文字活字を桁にはめていく作業には、

31

図2.37　1473年マインツにて印刷された書物

図2.38　プレス式印刷機（レプリカ）

文字を手書きするのと同じくらいの時間がかかり、さらに印刷後の活字の片づけには組版時以上に時間がかかる。ただ、版ができてしまえばあとは何度でも素早くコピーができる。1冊の本をつくるスピードは、活字の片づけも含めると手書き写本のほうが早いが、2冊目以降は破格のスピードで量産される。グーテンベルクの工房では、1日に300枚印刷されていたという。1枚には、表裏それぞれの面に見開き2ページが印刷されるため、1日1200ページの生産量となる（4ページ×300枚）。手書きの時代には1年以上かかっていたような作業がたった半日でできてしまう。まさに大量出版を可能にした画期的な技術である。

　グーテンベルクは活版印刷術を発明したといわれるが、版にインキをつけて紙を押しつけて転写するという方法（図2.38）は、以前からアジアにも存在していた。グーテンベルクの特筆されるべき点は、効率的に繰り返すことができるシステムをつくったことであろう（図2.39）。活字も1文字ずつ彫るのは一度のみで、その型を使って何度も鋳造ができる活字量産システムをつくったといわれる（その後も改良が重ねられている）。本をつくるには活字が大量に必要であ

第 2 章　手書き写本と印刷本

図2.39　活字を並べたところ

図2.40　活字の鋳造実験

図2.41　できあがった活字

る（図2.40、図2.41）。例えば、グーテンベルクの42行聖書「創世記」の1ページ目のみを見ても、スペースも含め約3300本の活字が使われている（単語間のスペースにも活字がいる）。一度に見開き2ページ分を印刷するとなると、活字は6600本必要となる計算だ。また大きな力でプレスするため、活字は次第につぶれてくる消耗品である。そのため、活字の量産システムがなかったら、印刷の発展も可能ではなかったであろう。

4.3　印刷をきっかけとした羊皮紙の劇的な衰退

　グーテンベルクは42行聖書を仔牛皮と紙に印刷をした。ただ、羊皮紙と紙とでは印刷用インキの乗り具合と乾燥速度が大幅に異なる。グーテンベルクのインキ成分解析を基にして、亜麻仁油ベースにススと鉛、チタン、グラファイトを混ぜて作成したインキで紙と羊皮紙に印刷してみた結果、紙は4時間ほどで

指につかない程度まで乾燥していたが、羊皮紙は10時間たっても指にインキがついた。羊皮紙にはインキが染み込まないため、乾燥に紙の何倍も時間がかかるのだ。印刷は早くできても乾燥に時間がかかると出荷が遅れ、スピードが要求される出版プロセスにおいては致命的となる。また乾燥場所を取るのと、生乾きのインキで紙が汚れて不良品が出るリスクも高まる。さらに、羊皮紙は紙よりも格段に硬いため、活字の摩耗が早い。したがって、活版印刷に羊皮紙は向いているとはいえず、紙が出版市場をほぼ独占するに至る要因となった。

4.4　情報伝達スピードの飛躍的向上と社会への影響

　製本形態も、紙の印刷本になると羊皮紙写本のそれから一変する。羊皮紙本は豪華な装丁が施された状態で販売または献呈されることが多いが、紙の印刷本になると、ページの装飾（細密画や彩飾イニシャル）も装丁もしていない状態で販売され、購入者が自前で装飾や装丁を専門の工房に依頼して施すことが多くなった。猛スピードで生産される情報をいち早く市場に出すために、そのようなシステムとなったのであろう。

　「紙に印刷」という方法で本が量産されてゆき、情報は誰でも素早く手に入るものとなった。ドイツで15世紀半ばに始まった印刷は、当時商業の中心地であったベネチアに伝わり、ベネチアにおいてドイツやフランスの印刷業者が世界中から集まる知識人たちのためにさまざまな書物を生産・販売するようになった。

　情報の素早い量産・拡散は、政治や宗教の道具にも利用された。カトリック教会は、悪名高い免罪符（これを購入すれば神に対する罪が許される）を印刷により量産した。同時に、そのような宗教権力の乱用に反対する宗教改革派も、16世紀中頃には印刷を利用してプロパガンダを流布したり、庶民でも読めるように聖書をラテン語以外の言葉に訳して出版した。

　カトリックとプロテスタントの衝突が激しくなるにつれて、カトリック圏のベネチアでは出版物の検閲や制限が厳しくなり、17世紀初頭には新教国であるネーデルランドのアントウェルペンに書物出版の中心地は移っていった。

第 2 章　手書き写本と印刷本

図2.42　各時代と各地域の「書物」

5　本づくりの歴史から見直す「本」の価値

　これまで、粘土板文書から印刷までの歴史と制作方法を概観した（図2.42）。本が一般的になったのは、人間の歴史を考えるとつい最近のことである。書物が気軽にインターネットの注文サイトをクリックするだけで購入でき、しかも数百円で手に入り、翌日届く場合も多い。このような現代において、1冊の本ができるまでの古来の工程を知ることは、本を扱ううえで非常に有用であると考える。

35

■□コラム2□■

現代ペルガモンの羊皮紙事情

　古代ペルガモンは現在、トルコ共和国「ベルガマ市」となっている。当地の羊皮紙づくりは古代以降長らく途絶えていたが、革なめし産業は細々と続いていた。なめし工程で使用する化学薬品による環境汚染の影響で1950年頃にその産業も途絶えてしまったが、ただ1人、イスマイル・アラチ（Ismail Araç）という革職人のみが薬品を使わない伝統的な方法で小規模ながらもベルガマでの革づくりを続けた。

　2006年に街興しの一環として、当地伝統の「羊皮紙」を復興させる動きが始まった。羊皮紙製造のノウハウを持っていたイスタンブールの革製造会社の協力を得て、革職人イスマイル氏により「羊皮紙発祥の地ペルガモン」での羊皮紙づくりが約2000年ぶりに復活した。そのイスマイル氏も2018年現在すでに88歳を超えている。次世代にその技を引き継ぐべく、2017年7月にベルガマ市役所主催の伝統的な「職人認定式」において、ネスリン・エルミシュ（Nesrin Ermiş）という女性が羊皮紙職人に認定され、当地での制作を引き継ぐこととなった。

　またベルガマ市はその歴史的景観が2014年にユネスコ世界文化遺産に認定されたが、その選考過程で当地発祥とされる羊皮紙も重要な役割を果たした。2013年には羊皮紙に関わる数少ない専門家を世界中から集め、羊皮紙シンポジウムが開催された。2018年現在、ベルガマ市役所を中心として「ペルガモン羊皮紙ミュージアム」設立のプロジェクトが進行中である。いったんは途絶えた古代の素材が、新たな形で脚光を浴びている。

（八木健治）

羊皮紙づくりをするイスマイル氏

第3章	デジタル情報資源

1 コンピュータと図書館

　現在のコンピュータは、1946年にアメリカのペンシルベニア大学でつくられたエニアック（ENIAC）が最初だと言われる。また、インターネットの基礎技術であるワールドワイドウェブ（World Wide Web：WWW）は、1993年に欧州原子核研究機構（CERN）から仕様が公開され、翌1994年、ティム・バーナーズ＝リー（Timothy John Berners-Lee, 1955- ）が設立した W3C（World Wide Web Consortium）によって確立された。

　20世紀の後半、コンピュータの主要部品である集積回路が「18カ月ごとに倍になる」というムーアの法則（Moore's law）が予測したように、コンピュータの能力は飛躍的に向上した。さらに1990年代からのインターネット普及は、一層大きな変化を社会にもたらしたが、図書館もその中にある。この間の図書館における変化は、機械化、自動化、電子（電算）化、情報化、デジタル化、などと呼ばれ、コンピュータの処理を含まない変化はほとんどない。

　デジタル情報資源は、コンピュータによって制作されたデジタルデータであり、コンピュータあるいは使用可能な機器で利用する。コンピュータは、ひとの知的・創造的な活動にも広く使われるようになり、その所産の一部にデジタル情報資源がある。

2 図書館におけるコンピュータの応用

2.1 MARC

　図書館においてコンピュータを応用した初期の重要な成果が、機械可読目録（MAchine Readable Cataloging：MARC）である。当時の目録はカードや冊子体であり、とくにカード目録の形（サイズ）を念頭に置いた、つまりカード片面に基本事項を表示できるように考えた目録規則によって書誌が作成されていた。

　1960年代にアメリカ議会図書館で開発された MARC は、1971年に勧告された国際標準書誌記述（International Standard Bibliographic Description：ISBD）へつながってゆく。MARC は国際標準を中核にしながらも、各国・各組織の事情に合わせた目録規則に改変されて利用されてきた。例えば日本では、1981年にJAPAN/MARC の頒布が開始された。

　コンピュータを業務に応用しはじめた時期、図書館へ入ってきたデジタル情報資源は目録（MARC）で、それを利用するためのコンピュータシステムとともに導入された。現在ではコンピュータは物理的な制約を受けないと思われがちだが、初期のコンピュータは処理能力が低く、入力できる項目数や文字数などに制限があった。

2.2 ネットワークとデータベース

　1969年、アメリカ国防総省の高等研究計画局が開発したアーパネット（ARPANET）が開始された。アメリカ国内4カ所を接続し、インターネットの起源と呼ばれている。その後、コンピュータの技術に通信ネットワークの技術を関連させ、遠隔地とのデータ通信が発展していった。

　1970年代からネットワークを前提とするオンライン検索システムが提供されはじめた。1980年代には国内でも、商業ベンダーから提供される海外のデータベースを利用する図書館が増えていった。しかし利用価格は高額であり、またサーチャーと呼ばれるデータベース検索技術者の手を借りることが一般的で

あった。

　オンラインの商用データベースは、大学などの研究機関や企業が導入した黎明期には、図書館とは無関係のコンピュータ関連部署が主導的な役割を果たす場合もあった。これ以降、データベースは情報検索に不可欠なツールとなり、図書館がコレクションに加える有力なデジタル情報資源であり続けている。

③　伝統的な情報資源のデジタル化

3.1　貴重コレクションのデジタル化

　コンピュータ技術が指数関数的に進展し、より複雑な処理ができるようになると、数字や文字だけではなく、より大きなデータの静止画や動画などの映像、音声を扱えるようになった。

　既存の伝統的な情報資源をデジタル形式に変換して保存する、いわゆるデジタル化（電子化）をはじめる動きが出現した。貴重なコレクションの現物を適切に保存し続け、同時に、より広く利用に供するためだ。

　対象は、貴重書（図書、雑誌、新聞）、音楽・歴史的音声記録、写真・映画・歴史的映像記録などで、取り組む組織は、図書館のみならず文化財をあつかう博物館、美術館でも実施されてきている。

　ある図書館が自前でデジタル化した情報資源が、その図書館にとって本格的に受け入れ、整理、保存、利用に取り組んだ最初の例となった場合も多い。きわめて貴重な情報資源1点のデジタル化からスタートし、コストが下がってきた時期に、コレクションをまとめてデジタル化する場合もある。これらはデジタルアーカイブとして公開されている。

3.2　印刷コレクションのデジタル化

　有力な図書館では貴重な順にコレクションのデジタル化を進めてきたが、貴重でないものも含めて、あらゆる図書のデジタル化をめざしたのがグーグル社である。グーグル社はウェブサイトで次のように述べている。

「Google の使命は、世界中の情報を整理し、世界中の人々がアクセスできて使えるようにすることです。(Google's mission is to organize the world's information and make it universally accessible and useful.)」(https://www.google.com/intl/en/about/our-company, 参照2018.1.31)

世界に存在する情報の多数が、有史以来、出版された図書に含まれている。グーグル社は多くの蔵書をもつ図書館の協力を得て、非破壊的な方法で図書をスキャンし、デジタル化するプロジェクトを2004年10月に開始した。この『グーグルブックス』は、米国内で訴訟が提起されたが、2016年4月、フェアユース(公正使用)に該当し、適法とされている。

また、アマゾン社も、電子書籍端末のキンドルを開発した際の目標を明らかにしている。

「アマゾン社は、2007年11月、あらゆる言語で書かれたすべての本を60秒以内で届けるというビジョンとともに、最初のキンドルを発表します。(Amazon introduced the first Kindle in November 2007 with the vision of offering every book, ever written, in any language, all available within 60 seconds.)」(https://www.amazon.com/p/feature/8fgjn84xjx6h7ka, 参照2018.1.31)

両者は図書をスキャンした画像データの文字認識処理を行い、テキスト(文字)データまで作成している。『グーグルブックス』のテキストは検索用で、認識ミスなどの不正確なデータを含むが、アマゾン社は販売用のためテキストは完全である。

本文のテキストデータがあれば、本文の検索ができる。さらに読書用の機器(デバイス)の画面サイズに追随した表示、個人の読みやすい文字サイズに応じた表示が可能となる。これをリフロー(再流動)型と呼ぶ。これに対して、フィックス(固定)型はレイアウトが固定している方式で、印刷媒体をスキャンした状態を保持し、テキストデータを文字の画像に配置している。

3.3 国立国会図書館のナショナルアーカイブ

日本の著作権法は、2018年までの一部改正によって、国立国会図書館に納本された図書、すなわち蔵書を無許諾でデジタル化できるようになり、絶版などについての公衆送信も許容された。

これはデジタルナショナルアーカイブの確立を、海外に拠点を置く企業に先行させないためであろう。日本で出版された、少なくとも日本語の図書のデジタル化、加えてそれらのメタデータ（目録）作成は、日本国が行うべきである。ナショナルアーカイブは、将来にわたって国民の文化的、経済的な価値を生みだす。

国会図書館のデジタルコレクションは、①著作権などの問題がない「インターネット公開」、②絶版等で入手困難な「図書館送信」、③それ以外の「館内限定」の３つの公開範囲で提供されている。それぞれほぼ２：５：３の割合である。①「インターネット公開」は、国会図書館のウェブサイトから提供されている。②「図書館送信」は、2014年１月に開始された「図書館向けデジタル化資料送信サービス」により、参加する公立図書館・大学図書館の利用者へ提供されている。今後、外国の図書館へ絶版した図書などを配信することにも拡大してゆくだろう。

④ 各種媒体のデジタルへの対応

4.1 音楽と映画

出版業界に先立ち、音楽業界では1982年にコンパクトディスク（Compact Disc：CD）の生産を開始し、ビニールのレコード盤の座を奪って世界的に普及させた。CD は、第１世代光ディスクとされる。また音楽制作では、元の録音テープからデジタル化して製品をつくるとともに、最初からデジタル形式で録音するデジタルオーディオワークステーション（Digital Audio Workstation：DAW）が開発された。

光ディスクはデジタルビデオ映像の動画を記録する媒体として、1990年代後

半に第2世代としてDVDが、その約10年後に第3世代としてブルーレイディスク（Blu-ray Disc：BD）が製品として登場した。CDと同じ形状ながら記録データ量が大きく、デジタルファイルの保存にも利用される。

　興業映画では、ハリウッドの大手映画会社がつくったデジタルシネマイニシアチブ（Digital Cinema Initiatives：DCI）の定めた仕様が2006年より公開され、撮影から上映までフィルムを使用しない映画も制作されている。

　ネットワーク技術が進むと、音楽や映画の作品をダウンロードしてから視聴するのではなく、視聴時点のデータのみを転送して再生する、ストリーミング配信が開始された。通常、デジタル著作権管理（Digital Rights Management：DRM）の技術が使われるため、蓄積して保存はできない。この方式は、CD、DVD、BDなどの光学ディスクに置き換わる可能性がある。

4.2　図　書

　出版の世界にもコンピュータの利用が広がった。デスクトップ・パブリッシング（Desktop publishing：DTP）は、欧米で1980年代後半から、日本でも少し遅れて、旧来の印刷方法にとって代わっていった。

　また、日本ではワードプロセッサ（ワープロ）専用機が、1980年代後半から、パーソナルコンピュータとともに普及した。文章（テキスト）はワープロで入力され、そのデジタルデータを紙に印刷する工程へ送るようになった。出版社や新聞社は、印刷の最終段階にあるデータをもとに、電子書籍などのデジタル情報資源を制作する基盤を準備していた。しかし効率的な制作や、電子書籍の流通と提供のしくみを整えるには、権利関係の処理や印刷媒体との共存などの課題もあり、時間がかかった。

　日本で出版された初期の電子書籍としては、1985年10月の三修社『最新科学技術用語辞典』、これに続く1987年の岩波書店『広辞苑　第3版』などがある。辞書のCD-ROM版、DVD-ROM版は、代表的なパッケージ系のデジタル情報資源である。

　なおCD-ROM辞書の開発をきっかけに、本格的な辞書事典類を収録した電

子辞書専用機（IC 電子辞書）が登場し、日本独特の市場を形成したが、図書館での受け入れは多くない。

またパッケージ系のデジタル情報資源として、ゲームソフトがある。これらも日本の図書館での受け入れは稀である。

日本の電子書籍は1990年代半ばから、パソコンや従来型の携帯電話（ガラケー）向けの配信サービスとして独自の市場を形成し、ケータイ小説がヒットする時期があった。その後、前述のキンドルなどの電子書籍専用端末、アップル社の iPad などのタブレット端末、スマートフォンの普及から、個人向けにネット販売が広がった。リフロー型あるいはフィックス型で、DRM のため、自由にコピーはできない。サービスによっては、パソコンとタブレットなど、複数の端末からの利用が可能である。

電子書籍のファイル形式には、国際標準規格として EPUB（イーパブ）がある。EPUB 3 以前は日本語の対応が不十分であった。小林龍生『EPUB 戦記』は、日本語にも対応する EPUB のフォーマット策定について詳しい。

ただし、図書館向けのサービスは、個人向けよりも電子書籍のタイトル数が少なく、本格的ではない。ネットアドバンス社の図書館向け『JapanKnowledge（ジャパンナレッジ）』は、レファレンスツールを中心に充実した情報資源を提供し、導入館を海外にも広げている。

4.3　雑誌と新聞

雑誌や新聞の状況は、図書とほぼ同じである。ここでは図書とは異なる状況にある電子ジャーナルと新聞のアーカイブを紹介する。

電子ジャーナルとは、一般向けの雑誌（マガジン）ではなく、電子化された学術雑誌を指す。学術雑誌に掲載されている学術論文は、二次情報のオンラインデータベースの検索対象として、その目録のみが収録されてきた。技術が進み、データ量の大きな論文まで流通できる環境となった段階で、多くの学術雑誌出版社は電子化へシフトした。過去の巻号まで遡及して、すべてのデジタル

化を完了したタイトルも多い。電子ジャーナルの普及により、印刷媒体の学術雑誌はオプションで購入するか、もはや印刷媒体を提供しない出版社も少なくない。

過去の新聞は、従来より紙やマイクロフィルムでの復刻版が制作されるなど、一定の需要がある。大手の新聞社は、制作工程のデジタル化と並行して、過去の紙面をデジタル化して提供しはじめた。当初は縮刷版の代替としてCD-ROM 版を発売していたが、後に過去のアーカイブをふくめたインターネット配信が中心となっている。これをネットワーク系の情報資源として、導入する図書館は多い。

4.4　複製と表現

物理的なかたちをもつ情報資源である図書、雑誌、新聞、レコード、フィルム、テレビ、ビデオテープなどの、デジタル化による複製、デジタルへの変換、あるいは、制作工程のデジタル置き換え、これらを媒体のデジタル化と呼んでいる。前述の2.1の初期のMARC も、カード目録のデジタル化である。

デジタル化は、工業製品として大量に同じ図書が印刷され生産されることと似ている。似ているが、かたちのある物（図書）は、大量生産の複製物であっても、1点（1冊）ごとに違う存在である。

一方、ボーンデジタル（born digital）という用語によって、最初からデジタル形式での制作を指す場合がある。前述の4.1の「撮影から上映までフィルムを使用しない映画」が典型といえる。ボーンデジタルであってもなくても、デジタルファイルは、すべてのコピーは同一、という特徴がある。かたちのある物に対してかかるコストは、デジタルファイルにはほとんど必要ない。

電子書籍は、ボーンデジタルでも印刷媒体（冊子体）の複製に似る。例えば初出がネットのマンガは、印刷するときのレイアウトで作品が描かれ、制作されているものが多い。小説やマンガなどは、作品が評価され、作家が有名になれば、印刷媒体としての出版もあるだろう。

冊子本や巻子本は、人間の視覚からの情報入力に適しているからこそ、何百

年も生き残ってきたはずだ。「本（book）」という語は、主として文字で表現された言葉を記録した紙を、ひとつに束ねた物（紙の本）を表すが、いずれ電子の本の意味が含まれるだろう。

4.5 情報資源の内容と容れ物

デジタル情報資源のあり方を理解するとき、『書誌レコードの機能要件（Functional Requirements for Bibliographic Records：FRBR）』で示されたとらえ方が役に立つ。これは書誌レコードの機能をモデル化し、情報資源の内容と物理的側面を整理した。

ここではモデルとしての、作品（Work）、表現形（Expression）、体現形（Manifestation）で考える。

最初は、作品である。例えば、J. S. バッハ（Bach）の『ゴールドベルク変奏曲（Goldberg Variations)』。バッハによる作品の創造からはじまる。「作品の名前」と、わかるなら「作者の名前」が、ここで示される。

次に、表現形である。作品は、表現されてはじめて知覚できる。すなわち、テキスト（文字による文章や、楽譜など）、音声、画像・動画（二次元、三次元）、物体、コンピュータデータセット、コンピュータプログラムなどである。例えば、「1981年に録音されたグレン・グールド（Glenn Herbert Gould, 1932-1982）による演奏」である。作品を表現したのは「ピアノの音」なので、情報資源の内容は「音」であることが示される。

次に、体現形は、表現形の具体化である。図書、雑誌、地図、レコード盤、フィルム、CD、DVD、ウェブサイトなどである。

例えば「1982年に CBS レコードが33 1/3 rpm のレコードでリリースした録音」で、1982年発売の LP レコードである。また「1993年にソニーがコンパクトディスクで再リリースした録音」も存在し、1993年発売の CD である。さらに「2000年にソニーが再リリースした MP3 でデジタル化した録音」「2007年にソニーが再リリースした FLAC でデジタル化した録音」もある。

これは情報資源の内容である「音」の容れ物が、「LP」「CD」「データファ

イル（形式は MP3、ファイル拡張子は.mp3、あるいは、形式は FLAC、ファイル拡張子は.flac）」ということが示される。

　情報資源は、作品の名前とその作者の名前、そして内容（表現形）が、まず重要である。「それは何か」を端的に示す項目である。
　同時に、情報資源の容れ物（体現形）が重要である。デジタル情報資源を提供する場合に、機器は不要か、再生機器が必要ならどの機器か、機器にかける媒体の形式などを、事前に調べる必要がある。その上で図書館として受け入れるかどうか選択し、必要な場合は準備をする。

5 インターネットの情報資源

5.1 図書館が発信するコンテンツ

　インターネットが普及しはじめると、多くの企業や団体、個人がインターネットでの情報発信に取り組みだした。
　図書館のオンライン目録（Online Public Access Catalog：OPAC）は発信にふさわしい内容であり、図書館システムがウェブ公開機能に対応し、図書館が属する組織のネットワーク管理部署との調整ができれば、目録データベースを利用者へ提供できた。その後、図書館からの情報発信として、パスファインダー、レファレンス事例データベース、機関リポジトリなどが登場した。
　こうしたウェブサイトを構成する内容は、一般にコンテンツと呼ばれる。

5.2 インターネット特有のコンテンツ

　インターネットで特徴的な情報資源は、やはりインターネットでのみ存在するコンテンツである。電子メール、ウェブサイト、ブログ、ウィキペディア、ソーシャルネットワークサービス（SNS）、インスタントメッセンジャー、音楽（音声）・動画配信、ポッドキャスティングなどがある。
　ウェブのサービスは、はやりすたりが激しいが、個人が制作したサイトにも

第3章　デジタル情報資源

有用な情報資源が含まれる。例えば、著作権が切れた作品を公開するウェブサイトとして、イリノイ大学の学生であったマイケル・S・ハート（Michael Stern Hart, 1947-2011）が1971年に創設した『プロジェクト・グーテンベルク（Project Gutenberg）』（http://www.gutenberg.org, 参照2018.1.31）、日本にも1997年からボランティアが運営している『青空文庫』（http://www.aozora.gr.jp, 参照2018.1.31）がある。

5.3　表層ウェブと深層ウェブ

　インターネットの情報資源は、表層ウェブ（surface web）と深層ウェブ（deep web）に分けられる。おもてに現れた部分と現れていない部分がある。

　表層は自由にアクセスでき、サーチエンジンの検索対象になっている。検索サーチエンジン、ニュースをはじめ幅広い情報を集約したポータルサイト、動画配信、ネット通販、SNS、ブログ、ウィキペディア、まとめサイトなどが、表層ウェブではよく利用されている。

　ところが深層は、アクセスにパスワードを必要としたり、特別な設定なしに外部からアクセスできないサーバーにあるため、通常は閲覧できない。したがって、サーチエンジンがインターネットを巡回してもデータが収集できず、グーグルなどの検索結果にも表示されない。図書館が契約するオンラインデータベースは、こうした深層ウェブに存在する。

5.4　情報資源の識別子

　ウェブサイトなどのデジタル情報資源（デジタルコンテンツ）は、ウェブアドレス、一般にはURL（Uniform Resource Locator）で示される。URLは、URN（Uniform Resource Name）とともに、URI（Uniform Resource Identifier）の下位レベルと定義される。識別子（Identifier）の役割は、情報資源の識別である。

　論文などの識別子として、デジタルオブジェクト識別子（Digital Object Identifier：DOI）があり、使用例も多い。国際DOI財団（International DOI Foundation：IDF）が識別子を管理し、DOIから論文の存在するURI、多くはURLに

47

変換される。このサービスを利用すれば、識別子が変わらないという持続性と、いつも同じ論文にたどりつけるという一貫性が実現できる。

6 デジタル情報資源の実際

6.1 図書館の受け入れ

　デジタル情報資源が広く普及し、国立国会図書館法が2000年4月の一部改正により、納本義務の対象として「電子的方法、磁気的方法その他の人の知覚によつては認識することができない方法により文字、映像、音又はプログラムを記録した物」であるパッケージ系電子出版物が加えられた。図書館法も2008年6月の一部改正により、「電磁的記録（電子的方式、磁気的方式その他人の知覚によつては認識することができない方式で作られた記録）」という文言が、図書館資料の説明に追加された。

　デジタル情報資源が、国会図書館の納本対象となり、公立図書館が収集し利用に供する図書館資料として明示され、図書館での本格的な取扱いが始まったのである。

　図書館がデジタル情報資源を受け入れるのは、いくつかの場合がある。

　まず出版者や制作者から納入（納本、献本）される場合がある。国会図書館はもちろん、公立図書館には自治体が制作したデジタル情報資源、大学図書館には大学が認定した博士論文、研究紀要、補助金を受けた研究成果、所属者が制作したデジタル情報資源が収められる。

　次に「3.1 貴重コレクションのデジタル化」で前述した、自館でデジタル化した情報資源である。利用と保存の両立を目的にすることが多く、原本とデジタル情報資源の両方について、目録を作成し、利用に供する。

　それから発売されているデジタル情報資源をコレクションに追加する場合がある。これらは主に、①データベース、②電子書籍、③電子ジャーナル、である。

6.2 ウェブアーカイブ

　有用な情報資源を含むインターネットのウェブサイトを、そのまま保存する活動が、国立図書館や公的機関で行われている。ウェブサイトの情報は更新や削除が頻繁である。消えてしまった情報を参照するため、保存活動が進められている。

　例えば、インターネットアーカイブ（Internet Archive）の『Wayback Machine』（https://archive.org/web, 参照2018.1.31）や、国立国会図書館の『インターネット資料収集保存事業（Web Archiving Project：WARP）』（http://warp.da.ndl.go.jp, 参照2018.1.31）である。前者は可能な限りすべてを、後者は選択的に保存を行っている。

6.3 図書館の機能からの逸脱

　デジタル情報資源は、図書館の4機能、すなわち情報資源の収集、整理、保存、利用、のうち最初の3つから逸脱する。

　収集では、個人向けの商品としてのみ提供されているデジタル情報資源があるという点だ。さらに、2018年現在、国内の図書館向け電子書籍の価格は、同時に発売される印刷媒体の2～3倍と著しく高額でもある。

　整理では、従来の図書館システムがデジタル情報資源を十全に扱えないことが課題である、また、図書館が提供する情報資源のすべてを、その図書館が整理しているわけではない、という点が大きい。

　保存では、料金を支払いデジタル情報資源にアクセスできるようになっても、支払った金額に応じた図書館は使用権を与えられただけで、所有したわけではないという点である。

　利用する図書館側のコンピュータには、閲覧や印刷のときに一時的なデータ保存をするだけで、原則として保存を認めないと契約時の規約に明示されている場合が多い。作品をダウンロードするのではなく、ストリーミング配信で利用する場合は、なおさらである。

　一部の商品では、オンラインデータベースのバックアップとして、

DVD-ROM やハードディスク等で画像データや検索データが提供される場合がある。しかし、メディアの寿命や、中身のデータファイル形式の寿命、ソフトウェアの対応 OS とそのバージョンなどを考えれば、紙の図書のように、適切に保存しさえすれば永く利用できるものでもない。

6.4 導入の際のチェック項目

　デジタル情報資源を図書館に導入する際、どのような検討が必要かを紹介したい。誰が、何を、どこで、どのように利用できるのか。具体的には、以下の点について調べ、可能な場合は文書でやりとりする。

　まず、このデジタル情報資源は何か、そのものの評価と全体的な検討を行う。
　・情報資源が有する内容の包括性、範囲の適切性。
　・画面の使いやすさ、視覚障害者にも適した配色か、等を確認する。
　・実際の利用にあたり、提供されるシステムや使用されるデータ形式の安定性はどうか。検索ソフトウェアの能力（レスポンスなど）、ウイルスやセキュリティでの対応は十分か。
　・メタデータの正確性を調べるため、必要な検索ができるか、チェックする。
　・提供会社の評判や、他の図書館の導入事例を調査する。
　・サポート体制はどうか。制作者と直接契約する場合、制作者とは別の代理店経由の場合等があり、サポート内容を調査、検討する。
　・利用統計データの提供はあるか。どのような内容・形式か、どのように行われるか。これらは契約の見直し、更新の基礎データとなる。
　・永続的な利用をうたった契約を締結する場合、提供会社の倒産などが発生したときに、利用の永続性はどのように保証されるか。
　・導入によって、想定外の負担（スタッフ、コスト）が生じないか。

　次に、どう利用できるか、具体的な利用対象と範囲などを検討する。
　・情報資源の契約において、どのような場合に利用が制限されるか。

第 3 章　デジタル情報資源

・図書館の利用者は、すべて利用できるのか。

・同一組織で別の場所にある分館なども利用できるか。

・利用者登録のない利用（ウォークインユーザー、ILL 等）はどうか。

・利用者は、リモートアクセスにより、図書館のネットワークの外からアクセスできるか。

・図書館（パブリックサービスの）スタッフへの教育や、利用者への利用講習会、利用案内等が必要か／提供側のサポートは対応できるか。

さらに、情報資源がどれくらい使えるか、求める情報を得られるかなどに関連して、正確さ、最新さ、使いやすさを検討する。

・同一の情報資源について、デジタルと印刷媒体（または別の媒体）の両方がある場合、相互を比較して、メリット／デメリットは何か。

・データのコピーの保存、印刷、他への流用等が可能か。

・雑誌や新聞などの場合、過去のデータ（バックナンバー）をさかのぼって使えるか。

・情報資源の寿命はどうか。将来置き換えることが必要／可能か。

・契約した情報資源について自館での目録作成に対して、書誌レコードが提供されるか／提供されるのはどの形式か。

・内容の更新頻度はどうか。

重要な検討事項にコストがある。利用方法（閲覧方法）に応じて、年間の契約価格や買い切り等の金額は、いくつかの価格設定が用意されている。

・コンソーシアムの有無。

・利用条件に見合った価格か。他の契約条件との差額や提供者が提示した価格体系、設定の確認をする。

・利用 1 回をカウントする場合、どの時点でカウントされるか。ファイルを開いた時点、ファイルを最後まで閲覧した時点、ファイルを開いて15分経過した時点など、いくつかの方法がある。

・館種や、利用者数に応じた価格変動の有無。アカデミック価格、FTE（Full-Time Equivalent）などの設定があるか。

・データ更新（アップデート、アップグレード）で追加費用が必要か。

・支払い方法は、組織で対応可能な方法か。

利用する際の技術的な要件も、検討しなければならない。

・現在と将来における図書館の技術レベルは、この情報資源に対応できるか。

・図書館には、技術的なサポートとメンテナンスの計画があるか。

・ハードウェアの検討として、用意すべきコンピュータとネットワーク機器の性能、それらの維持管理、周辺機器の互換性、ネットワークのセキュリティ、物品の盗難防止、設置機器の環境やスペースで必要な要件。

・情報資源のサイトへのアクセス方法はどうか。①イントラネット（LAN）からのみ（図書館側からアクセスするグローバル IP アドレスの登録）、②提供側が配付するユーザー ID とパスワード（ID/PW）のみ、③両者の併用、の可能性がある。いずれが望ましいかは、図書館の環境に依存する。利用できるユーザー ID 数、同時アクセスの制限、認証におけるセキュリティ方式などは、利用者の環境の設定や利用案内に影響がある。

・図書館の上部組織のネットワークポリシーに準拠するため、情報資源へのアクセス方法なども確認する。

・組織内の他のシステム（図書館システム、経理システムなど）との互換性／連携可能性の確認。

6.5　ディスカバリーサービス

　ネットワーク系のデジタル情報資源の契約条件、利用条件などの管理について、国内の図書館システムは対応が十分でない。さらにインターネットに存在する無料の有用な情報資源を自館の目録に登録するには、コストがかかりすぎる。もし、インターネットの情報資源の検索を、グーグルなどのサーチエンジンに頼らざるをえないとすれば、図書館の課題は大きい。

第3章　デジタル情報資源

　ディスカバリーサービス（discovery service）は、この課題の解決策のひとつ
である。海外の製品が複数提供されており、国内では大学図書館から導入が進
んできている。

　提供会社は、世界の図書館や商用データベースなどから収集したメタデータ
を格納する巨大なデータベースを、検索用に構築している。日々作成されるデ
ジタル情報資源のメタデータが蓄積され、更新される。これをセントラルイン
デックス（central index）と呼び、その規模は億単位である。ただし日本語の情
報資源は、セントラルインデックスへデータが提供されていない場合がある。

　さらに契約した図書館は、自館の目録データをセントラルインデックスへ追
加するとともに、利用者のニーズに応じて、検索する対象や、検索結果の表示
順を設定する。例えば表示順は、①自館所蔵の情報資源、②自館契約の情報資
源（全文表示を優先）、③信頼できるインターネット情報資源、などである。

6.6　デジタル情報資源とメタデータ

　ディスカバリーサービスは、セマンティックウェブ（semantic web）の実現
に近づく技術と考えられる。セマンティックウェブとは、バーナーズ＝リーが
提唱した、意味（semantic）をコンピュータで処理する技術である。機械が意
味を扱うことを考えると、人工知能（Artificial Intelligence：AI）技術が連想さ
れるとともに、その実現過程では、図書館が洗練させてきた書誌コントロール
というメタデータ技術の応用も役立つ。

　インターネットに存在するデジタル情報資源をブラウジングで偶然発見する
ことは、図書館や書店をブラウジングして図書や雑誌を発見することとは、比
較にならないほど困難だ。技術が進めば、より適切な「おすすめ」を表示する
ことが可能になるかもしれない。

　コンピュータは、ひとの知的、創造的な活動に深く関わり、経済的な活動に
不可欠となった。インターネットが浸透した生活に、検索は溶け込んでいる。
ネットの中から「これ」が探したい、という場合は、検索のほかに発見する方
法はない。当たり前だが、検索される側のコンピュータにデータが存在しなけ

53

れば、探しものは発見できない。つまり、ない情報は検索できない。例えば、旧家の蔵や田舎の地下室から、存在しないとされた記録が発見される、そのようなことは起こらない。

　デジタル情報資源が、質・量ともにさらに発展するなかで、より適切な日本語の検索が求められる。インターネットでは、検索でヒットしなければ、その情報資源はないことになってしまう。日本語（ローマ字を含む）の構造化されたメタデータなど、質の高いメタデータの充実と関連技術の進展が、今後期待される。

■□コラム3□■

デジタル世界とどうつきあうか考えよう

　音楽産業はCDを市場に投入することで、本よりも早くデジタル化を進めた。そして比較的短い期間で、レコードコレクターをCDコレクターに移行させることにも成功した。ところが音楽CDの規格には、データの保護技術が含まれなかった。

　CDドライブ付きのパソコンが家庭に普及する。音楽CDから楽曲を取り出してiPodやスマホで聴く。友達とレコードを貸し借りするように、スポーツ選手のカードを交換するように、インターネットで楽曲データのファイルをやりとりする。

　音楽作品がファイルに収まって便利になった反面、高速ネットワークを流れる作品（ファイル）の流通はコントロールできない。ネットの海賊行為に手を貸すウェブサービスが出現する。そしてCDショップは、世界的に絶滅危惧業種となった。日本は、世界と比べるとまだ多い方だという。

　わたしはネットストアで購入した音楽を聴く。しかし聞き飽きた楽曲の使用権を、中古品として友達に譲渡することはできない。リアルな世界における、ひと（客）と物の関係とは異なる。著作権は私的使用による複製を認めているが、デジタルの世界は、しくみが違う。曲もデータなら、わたしもデータ。

　世の中に公開した作品は、リアルでもデジタルでも、完全なコントロールはできない。つねに技術は進み、デジタルをふくむ世界の変化は止まらない。そこで変化しないのは、作品を創造するのは人間、作品を五感から享受するのも人間、ということだ。

　付け加えれば、いずれコンピュータがそれなりの作品をつくる。ネット検索で、とりあえずの答えが出ればいい、そんなユーザーに向けて。　　　　　　　　（山田　稔）

第4章	図書館情報資源の選びかた

1 選書のとらえかた

1.1 選書とは

すべての図書館サービスは、その図書館の持つ情報資源に基づいて行われる。図書館が読書機会をもたらす場であれ、誰かの何らかの課題解決のための情報提供システムであれ、その機能を発揮するには、読まれるもの、利用されるもの、すなわち情報資源が備わっていなければならない。

選書を文字どおりに「書を選ぶ」ととらえると、「書」からは書籍、書物、図書などと言い換え可能な「本」をイメージするだろう。公立図書館では伝統的に貸出に重点が置かれてきたこともあり、図書館の情報資源を代表するものとして「本」を対象に論ずることもある。しかし、選書とは単純に「本」を選ぶことだけを目指す活動ではなく、またその対象も有形の「書物」だけを視野に入れるものでもない。選書の対象となるのは、知識として保存、情報として伝達可能な形や状態で存在する、人類の知的な諸活動の成果である。それらは多様な形式、形態の媒体、保存形式、表現形式をとる。

図書館法（2011年改正）では、図書館が収集する対象を、「郷土資料、地方行政資料、美術品、レコード及びフィルムの収集にも十分留意して、図書、記録、視聴覚教育の資料その他必要な資料（電磁的記録（電子的方式、磁気的方式その他人の知覚によっては認識することができない方式で作られた記録をいう。）を含む。以下「図書館資料」という。）」としている。ここでは、資料という用語で表現されているが、有形、無形にこだわらずまた所有の有無に左右されない、より包括的な概念を表す語として「図書館情報資源」と表現するようになった。

選書された情報資源を維持管理していくプロセス全体を蔵書構成という。蔵書構成とは、「図書館蔵書が図書館のサービス目的を実現する構造となるように、資料を選択、収集して、計画的組織的に蔵書を形成、維持、発展させていく意図的なプロセスであり、収集方針の決定と調整、ニーズ調査、利用（者）調査、蔵書評価、資源共有計画、蔵書維持管理、除籍などの諸活動が含まれる」と定義される[1]。

つまり選書は、情報資源を選び収集していくという、図書館を形づくる始まりとなる活動なのである。

1.2 選書をめぐる議論

情報資源の選択の意思決定において、その情報資源を蔵書に加えるのか、否かを決定付ける要因に関して長らく議論されてきた[2]。その中心となったのは価値論と要求論という 2 つの考え方である。一般的な価値論と要求論は以下のように説明される（『図書館情報学用語辞典』より引用）。

(1) 価値論（value theory）

資料の選択基準を資料そのものの価値に置く立場からの資料選択論。図書館にとって「望ましい」資料とは何か、図書館に求められている資料には何があるのかといった問題など、資料を中心として「資料と図書館の関係」「資料と図書館利用者の関係」を考察する。一般に資料選択の基準は、資料そのものの価値を重視した「資料重視型」のものと、利用者の「情報要求」を重視した「利用者重視型」のものとに分けられるが、価値論は前者を中心としたものである[3]。

1）日本図書館情報学会用語辞典編集委員会編『図書館情報学用語辞典　第 4 版』丸善出版, 2013，284p. の p. 137 より。
2）選書論の変遷については、参考文献の安井一徳（2006；2010）、山本昭和（2001）、比較的新しい海外の動向としては井上靖代（2013）の文献がある。
3）前掲 1）の p. 36 より。

第4章　図書館情報資源の選びかた

(2) 要求論（demand theory）

　資料の選択基準を利用者の要求にあるとする立場で、利用者の要求やニーズを充足することに第一義的な意義を認める資料選択論。要求とは、リクエストを含めて、何らかの形で図書館員に直接伝達される資料や情報へのアクセスの主観的な必要性を表し、社会的要求や自己実現要求などの階層を持つ。一方、ニーズは潜在的で、これを把握するためには、図書館員側の特別な注意力や知識、直感力が必要とされる。要求論には、資料選択にあたって、一定の質的基準があることを前提とする制限的要求論と、利用者の資料要求に対して図書館員が価値判断をしないという理念を基盤にする絶対的要求論がある[4]。

　つまり、情報資源そのものの価値に依拠した選書を行うのか、利用者の情報要求に応える選書をするのか、という論争である。

　要求論には制限的要求論と絶対的要求論という2つの考え方が示されている。制限的要求論とは、住民の要求に応える蔵書づくりを原則としても、公共機関として維持すべき一定の質的な基準があることを前提として論を進めるもので、多くの公共図書館において採用されている。絶対的要求論とは、原則として受け入れることができない図書はないという理念を基盤に据え、サービスの主体である住民の資料要求には徹底的に応えようとするものである[5]。

　「要求論」か「価値論」か、どちらが優先されるべきかという議論は不毛な論争であり、見識ある司書があらかじめ設定された収集方針に従い主体的に選書・収集することが肝要であると指摘されている[6]。安形輝は抽象的な議論を中心とした研究成果は「どのような理論に基づき資料選択を行うべきかを示してはいるが、これらの理論によって個々の資料を実際に選択できるわけではない」と指摘した。また、「具体的な形で行われる資料選択に関する研究の多く

4）前掲1）の p. 244より。
5）三浦逸雄・根本彰『コレクションの形成と管理』（講座図書館の理論と実際　2）雄山閣，1993，271p. の p. 176より。
6）高山正也・平野英俊編『図書館情報資源概論』（現代図書館情報学シリーズ　8）樹村房，2012，192p. の p. 91より。

57

表4.1　選書・収集方針に関わる法令・基準・宣言

法令	図書館法	図書館	図書館が国民の教育、文化の発展に寄与することを目的として制定。第三条第一号　資料収集
	国立国会図書館法	国立国会図書館	国立国会図書館の使命と任務・第23条に資料収集
	学校図書館法	学校図書館	学校図書館の設置と運営について。第四条の第一号資料収集について
	こどもの読書活動の推進に関する法律（2001年）	こどもの読書に関わる機関、団体	子どもの読書活動の推進に関し、基本理念を定め、並びに国及び地方公共団体の責務等を明らかにする。読書機会、場所、書籍の提供に努める。学校図書館、公共図書館の図書購入に言及。
基準	図書館の設置及び運営上の望ましい基準	公立図書館・私立図書館	市町村立図書館は利用者および都道府県立図書館、私立図書館の設置および運営上望ましい基準を示す。
	大学設置基準	大学図書館	図書館は大学の施設・設備。大学は、学部の種類、規模等に応じ、教育研究上必要な資料を、図書館を中心に系統的に備える
	学校図書館ガイドライン	学校図書館	学校図書館の整備充実について（通知）の別添（5）の中で備えるべき資料の範囲と、選定・提供について示す
	学校図書館協議会図書選定基準	学校図書館	学校図書館の蔵書構成を行う上で必要かつ適切な資料を提供できるように示された選定基準。全国学校図書館協議会の長年にわたる選定事業の経験に基づく
国際的な指針	IFLA　公共図書館サービスガイドライン	公共図書館	4章　資料コレクションの構築について
	IFLA　政府機関図書館のためのガイドライン	政府機関図書館	6章　コレクション構築
	IFLA　学校図書館ガイドライン	学校図書館	4章　物理的資源・デジタル資源、4.3コレクション構築と管理
	IFLA　児童図書館サービスのためのガイドライン	児童図書館	資料　選択基準
宣言	図書館の自由に関する宣言	図書館	図書館および図書館員の知的自由に関する基本的立場とその決意を表明。資料収集の自由、検閲の反対1954年全国図書館大会採択、1974年日本図書館協会総会改定）

（注）文部科学省の設定する「学校図書館標準」は、学校規模と目標蔵書数を定めるもので、どのような蔵書構成になるかの指針とは関わりが薄いと判断し、掲載しなかった。

が政治的、宗教的な点からの論争的な資料を対象とする」とし、「一般的な資料をどのように選択するかに関しては実践的な話が雑誌などで言及されるのみである」と述べ、実験による選択に影響する要因分析を行った[7]。

1.3 選書の原則（関連法規・宣言・ガイドライン・基準等）

図書館は、それぞれの運営方針に示した図書館の目指す情報資源の提供、情報サービスの実現のために、必要とする蔵書構成を行う。どのような蔵書構成を行っていくのかなど収集方針を定め、選書基準に従って情報資源の選択を進める。どのような情報資源をどのように選定していくのか、その理念的な柱が「図書館の自由に関する宣言」[8]に示されている。「図書館の自由に関する宣言」では「基本的人権の一つである知る自由を持つ国民に対する資料と施設の提供を重要な図書館の任務である」とし、情報資源（＝資料）の収集の姿勢を示している。

図書館の運営方針は各種法令に従い、図書館サービスのガイドラインを参考にして策定される。館種によって個別に関連する法令がある場合と、大学図書館のように設置基準に含まれる場合がある。表4.1に関連する各種法令、基準等をあげた。

② 選書のプロセスと諸要素

2.1 選書のプロセス

司書が手にした一つひとつの情報資源を新たに受け入れるか否かの決定は、情報資源の選択という行為であるのと同時に、どのような蔵書構成をしていくのかというプロセスの1コマである。さらに既存の蔵書の中から必要としない情報資源を選択していく作業もまた蔵書構成の1コマである（図4.1）。

---

7) 安形輝「機械学習を用いた図書館の資料選択に影響する要因の分析」『三田図書館・情報学会研究大会発表論文集』2012, p. 13より。
8) 日本図書館協会「図書館の自由に関する宣言（1979改訂）」http://www.jla.or.jp/library/gudeline/tabid/232/Default.aspx（参照2017.9.30）

図4.1　選書のプロセス
(出所) 筆者作成。

　まず、選書プロセスのスタート地点であるが、その情報資源の選択行為がいつどのような動機で行われるものかによって、勘案する事項、影響要因が異なる。図書館の新設では、ゼロからの蔵書構成を行うことになり、長期、中期、短期の収集計画を立てるが、スタート時には一度に大量の選書を行うことになる。また既存の図書館をリニューアル（増改築、移転等）する場合は、収集方針の見直し、蔵書構成の評価、ならびに新規受け入れの情報資源の選定を行うことになる。いずれにせよ、一度に大量の選書を行う必要が生じる場合、一点一点を当該図書館の図書館員だけで行うことは難しく、一次選定を業者へ委託するなどの必要が生じる。

　日常の図書館業務の中で、継続的な蔵書構成の一環として行われる選書の中心となるのは、新たに刊行されるものの選択であろう。各種の情報源によって選定され、発注、受け入れへと進み、利用者に提供する準備へとつながる。

　ただし、次々と新たに刊行される情報資源を受け入れ続け、提供していくのでは書架が溢れてしまう。予算にも限界がある。新規に受け入れることを決定するには、自館が所有しなくとも、相互利用の可能性を探り、類似するものはないか、代替可能な情報資源の所蔵とも照らし合わせるなどして決定していく。

　限られたスペースにおいて情報資源が有効活用されるように開架書架は新陳代謝を必要とする。どれを開架に出すのか、書庫へ下げるのか、もしくは除籍し蔵書構成から除くのかという選択をすることになる。何を入れるか、除くか

第4章　図書館情報資源の選びかた

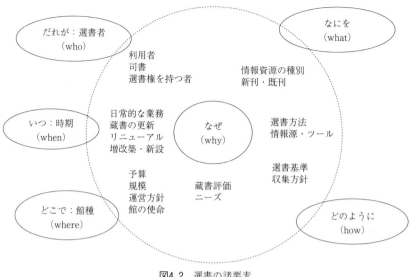

図4.2　選書の諸要素
（出所）筆者作成。

という選択は蔵書全体のバランスをとりながら継続的に行われる。目標としている蔵書構成とのずれはないか、収集方針からの見直し、蔵書評価や、利用者の利用状況、情報ニーズなどの要素を検討しながら情報資源の選択の意思決定を行うのである。

2.2　選書の諸要素

　選書のプロセス（蔵書構成）に関わる要素をあげ、枠組みを示した（図4.2）。選書を「情報資源を選ぶ行為」としてみるとき、ひとつの行為を説明する方法として５Ｗ１Ｈをあげることができる。選書をいつ、どこで、だれが、なぜ、なにを、どのようにという観点から整理していく。

　蔵書構成全体との関連を強調するならば、もうひとつのＨ（how）すなわち、「どれくらい」を考慮することになる。情報資源の選択の動機を情報ニーズとした場合は、もうひとつの「Ｗ（whom）誰のために」を説明することになる。図4.2に示した要素はそれぞれが相互作用しあい、選書にかかわる影響要因と

61

なる。

2.3 収集方針と選書基準

どのように蔵書構成を行っていくかは、収集方針によって明らかにされる。また何を選ぶのかについては選書基準によってさらに具体的に示される（図4.3）。

収集方針については、図書館自身が成文化し公表するべきものである。「図書館の設置および運営上の望ましい基準」の中で、「市町村立図書館は利用者及び住民の要望、社会の要請並びに地域の実情に十分留意しつつ、図書館資料の収集に関する方針を定め公表するよう努めるものとする」[9]としている。インターネットを通じての発信が容易になった現在では、図書館が資料収集方針を各図書館のウェブサイトを通じて公表しているケースがある。2015年から2016年に全国の公共図書館を対象に実施された調査のうち、収集方針の策定と公開状況について、図書館資料の収集方針を定めているという回答が72.4％であり、そのうち、公表しているのは63.3％であった。すべての回答のうち、収集方針を定め公表していると回答した図書館は48.5％で「望ましい基準」を満たす図書館は半数以下であった[10]。

収集方針の公表の仕方として、必ずしも図書館自身のウェブサイトに直接掲載されていないこともある。図書館のウェブサイトが検索と利用案内に特化されており、その場合、選書基準や収集方針は自治体の教育委員会や、図書館に関する条例の中で公表されている。

収集方針、選書基準の内容として、基本方針を明らかにした上で資料種別、分野別にどのようなものを集めていくか、どのように選択していくかの基準を別途各論として示していることもある。

9）「図書館の設置及び運営上の望ましい基準」（平成24年12月19日文部科学省告示第172号）http://www.mext.go.jp/a_menu/01_l/08052911/1282451.htm （参照2017.9.30）
10）図書館流通センター「「平成27年度生涯学習施策に関する調査研究」「公立図書館の実態に関する調査研究」報告書」2016，116p. http://www.mext.go.jp/a_menu/ikusei/chousa/__icsFiles/afieldfile/2016/09/26/1377547_04.pdf （参照2017.9.30）の p. 90-92より。

第 4 章　図書館情報資源の選びかた

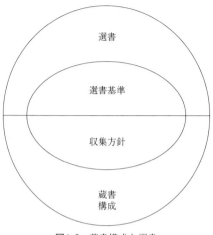

図4.3　蔵書構成と選書
（出所）筆者作成。

　公表された収集方針をみていくと、それらは、図書館の運営方針を反映し、図書館の規模や立地、その図書館の役割を図書館自身がどうとらえているのかを反映している。館種としてみれば同じ公立図書館であっても、都道府県立図書館と市町村立図書館では図書館の使命が異なる。また市町村立図書館においても、大都市と地方都市ではサービスの力点が異なり、それらは収集方針に反映されるものとなっている。
　例えば、人口10万人強の可児市の図書館資料収集方針では、その趣旨として「市民一般の読書活動に必要な図書館資料の収集に関する基本的な事項を定めたものである」とあり[11]、可児市図書館は図書館サービスの中でも読書活動の支援を重点に収集しているとわかる。選書は図書館員が行い、選書会議を経て、図書館長が決定するとしている。
　人口370万強の大都市である横浜市の場合、横浜市立図書館は「図書館法、横浜市立図書館条例および横浜市立図書館規則の定めるところにより、国際文化都市横浜にふさわしい図書館資料の収集に努めることを目的とする」として

---

11) 可児市立図書館「可児市立図書館資料収集方針」https://www.kani-lib.jp/GAIYO/oshirase20.pdf（参照2017.9.30）

いる。さらに「横浜市立図書館資料収集基準の位置づけと目的」で収集する資料（＝情報資源）の範囲と基準を明記し、「住民の読書活動、課題解決、調査研究の基礎資料となる参考図書、都市特性に関連する分野、地域資料、市政に留意した資料を収集する」としている[12]。

　都道府県立図書館ではどうか。「望ましい基準」では、市町村立図書館の基準を準用することに加え、域内の図書館の支援に努めるよう求めているので、収集方針もそれに応えるかたちになっている。

　また、重点課題を置き一定の課題解決型サービスを目的とする図書館は、その課題に関する選択基準を設け、より具体的に収集する分野に特化した収集方針を策定している。大阪府立図書館を例にとると、大阪府立中央図書館の収集方針では総合図書館として「大阪府立中之島図書館と相まって本府の中核的公共図書館として資料保存機能と府域市町村図書館支援機能を重視するとともに、府民の調査研究、教養の向上等に資する資料を収集」し、「印刷物、非印刷物を問わず最適な媒体を選択し、提供する」とし、情報資源の種別ごとにどのように収集するかを示している。示されている資料種別は、図書、新聞・雑誌、非印刷資料であり、さらに細分したカテゴリごとの収集範囲を示している[13]。それに対して、課題解決型サービスを志向する大阪府立中之島図書館の収集方針では、大阪に関する資料センター、古典籍サービス機能、ビジネス支援サービス機能を支えるため、サービスごとにどのような情報資源を収集すべきかを明らかにしている[14]。

　図書館が示している収集方針は、１ページ程度の範囲で概略を述べるものから、資料種別ごと、分野別に記述するなど詳細さの程度に差があるが、必ずしも図書館の規模と相関しているというわけでもない。以下にあげるものは、概

12）横浜市立図書館「横浜市立図書館資料収集方針」http://www.city.yokohama.lg.jp/kyoiku/library/syusyukijun/syusyuhoshin.html（参照2017.9.30）
13）大阪府立図書館「大阪府立中央図書館資料収集方針」https://www.library.pref.osaka.jp/site/kisoku/lib-kisoku-s.html（参照2017.9.30）
14）大阪府立図書館「大阪府立中之島図書館資料収集方針」https://www.library.pref.osaka.jp/site/kisoku/lib-kisoku-sn.html（参照2017.9.30）

ね図書館の目的とその遂行のために共通する点であり、表4.1に示す理念、法令、ガイドラインに沿うように策定されているのは当然のこととして、何よりも「図書館の自由に関する宣言」の精神を反映している。

① 思想、学説、宗教、党派的立場にとらわれず、多様な観点にたって公平に扱い幅広く収集する
② 個人、組織、団体からの圧力や干渉によって収集の自由を放棄したり、自己規制したりしない
③ 人権を侵害するおそれのある資料は慎重に採否を決定する
④ 図書館員の恣意的な資料選択を行わない
⑤ 担当者が変わろうとも、首尾一貫した継続性をもって行われること

　情報資源の選択の細則として、収集方針のもとに選択基準を定めることがある。選書および収集の担当者が実務で一つひとつの情報資源と向き合う際には、選書基準を運用して選択に当たることになる。詳細な選書基準を利用者に公開している図書館もある。そのような場合は、利用者はリクエストの採否の理由を、あらかじめある程度は知ることができるというメリットがある。

　学校図書館については、「学校図書館ガイドライン」の中で「図書館資料の選定が適切に行われるよう、各学校において、明文化された選定の基準を定めるとともに、基準に沿った選定を組織的・計画的に行うよう努めることが望ましい」としている[15]。個々の学校図書館がそれぞれ独自に詳細な選書基準を定めるのは現実的には難しい。全国学校図書館協議会が定めている「学校図書館選定基準」は、学校図書館の現場で活用できるであろう[16]。

　大学図書館では、収集方針と選択基準の成文化とその公表が行われるようになっている。図書館のウェブサイトで公開し閲覧可能なところが少なくない。

---

15) 文部科学省「別添1「学校図書館ガイドライン」」http://www.mext.go.jp/a_menu/shotou/dokusho/link/1380599.htm（参照2017.9.30）
16) 全国学校図書館協議会「全国学校図書館協議会図書選定基準」http://www.j-sla.or.jp/material/kijun/post-34.html（参照2017.9.30）

公開される収集方針、選書基準の記述は、概略的なものから学部教育およびカリキュラムとの関連づけを含めたレベルまで多様である。例えば、早稲田大学中央図書館は「「一般図書」の選書基準について（内規）」の中で「図書資料は一冊ずつが異なり、それぞれが個性を持つため、明確な選書基準を示すことが困難」であるため、基本的な方針のみを示すこととしている[17]。また、そこではリクエスト資料の採択の可否についてもこの基準が及ぶことに言及している。一方、具体的かつ詳細なレベルに踏み込んだ事例としては、法政大学図書館があげられる。法政大学図書館では、「蔵書構成は明確な収書方針に基づく必要がある」とし、収集方針と選書基準を明らかにしている。例えば同館の「類型別選書基準表」では選書レベルを、重点的、積極的、選択的、厳選の順につけている。またタイプ別に一般、研究、実用、趣味・娯楽、参考に分け、それぞれの図書と雑誌について、閉架と開架における選書レベルを明記している。また「開架図書分担収集基準」では、各キャンパス図書館との分担収集のレベルを設定し、カリキュラムとの関連づけにより収集の責任分担をしている[18]。

2.4　選書者

　選書権をもつ者は館種によって異なる。誰が資料選択に携わり、決定するかは収集方針の中で明確にされる。大規模な図書館では選書課や収集担当部門のような専門部署が設けられることもあるが、そうでない図書館では、図書館員全員または数名の担当員が代表して行うなどする。また資料別に雑誌、新聞等の逐次刊行物に限ってはその担当者が選書を分担して決定することもある。館員全員による選書会議を経て館長が決定すると、収集方針の中で最終決定者を館長としていることもある。また中央館と地区図書館とで構成される図書館では、地区図書館で予備会議をし、中央館にリストを持ち寄って全体の選書会議が開かれることがある。

---

17) 早稲田大学図書館「「一般図書」の選書基準について（内規）」http://www.wul.waseda.ac.jp/clib/sensho-ippan_jpn.html（参照2017.9.30）
18) 法政大学図書館「法政大学図書館資料収集方針について」https://www.hosei.ac.jp/library/shokai/kitei/shusho.html（参照2017.9.30）

公立図書館では、司書が専門家として選書に携わる。また、図書館業務を委託された指定管理者が選書を行うことがある。しかしながら、指定管理者による蔵書構成の質について、大きな議論が巻き起こるような事例が発生している[19]。経験豊富で見識のある司書による選書を保障されないケースが生じては問題であるので、収集方針を遵守し選書基準に見合う資料選択の力をもった者に委託すべきである。委託の際には抽象的な理想を並べた方針ではなく、より具体的な選書基準、資料選択のマニュアルを示すべきである。そして選書リストを知識と経験をもった専門の司書がチェックし（検閲ではない）精査する必要があると言える。

学校図書館では司書教諭、学校図書館司書が中心となる。ただし「学校図書館ガイドライン」では「図書館資料の選定等は学校の教育活動の一部として行われるものであり、基準に沿った図書選定を行うための校内組織を整備し、学校組織として選定等を行うよう努めることが望ましい」としている。

大学図書館では、一定の地位以上の図書館員または選書担当部署の図書館員が一部の選書を行うということもある。しかし大学の研究、教育のための主題専門性の高い蔵書構成を対象とするので、各学部や大学院の教員が選書権を持ち情報資源の選択を担う。各学部から選書委員が選出され、選書委員会が構成されることもある。大規模な図書館では選書課のような専門部署が収書業務を担当することがあるが、選定に関しては、図書館員が担当するのは学部生向けの教養、学習のための情報資源や参考図書などである。また、きわめて専門性の高い学術書の出版社があらかじめ指定されており、選書者の選定を毎回うけずに受け入れていくこともある。大学の財産となるような貴重書、高額図書については、図書館員、大学の教職員による個別の選書委員会が立ち上げられることがある。

---

19) カレントアウェアネスポータル「カルチュア・コンビニエンス・クラブ株式会社（CCC）と佐賀県武雄市の教育委員会、CCC が指定管理者の武雄市図書館の蔵書についてそれぞれ声明を発表」http://current.ndl.go.jp/node/29424（参照 2017.9.30）など、市立図書館のリニューアルオープンに際し、指定管理者による選書内容の妥当性について、図書館界からだけでなく、マスコミでもとりあげられるなど大きな注目を集めた。

公立図書館や大学において図書館員、教職員などの選書権をもつ者以外が選書を行うことがある。直接的に利用者のニーズを反映する意図から、公立図書館では住民を、大学図書館では学生を対象として選書の機会を設けるのである。

2.5　選書の方法

　情報資源を選択する際には、いくつかの方法がある。情報資源そのものから情報を得て判断する直接選択と、カタログなど代替する情報源から選択する間接選択という方法がある。

　直接に現物資料を確認する方法としては、以下の2つがある。

(1) 見計らい（『図書館情報学用語辞典』より引用）

　出版情報などをチェックしてから発注するという手間を省くため、収書方針などに照らして、あらかじめ書店に一定の範囲を示し、納品された資料をチェックして採否を決定する資料購入方法。書店側は、その図書館の収集方針や資料の範囲、内容の程度などをよく理解する必要がある。書店が一次選択をすることになるので、受入担当者は、出版情報の内容をよく把握し、漏れのないように留意することが求められる[20]。

　各図書館に持ち込まれたものは、一定の期間選書用の棚や選書室に置かれる。その期間内に選書者が収集対象を選び重複調査を経て受け入れる。

(2) 店頭選書・店頭見計らい

　日時を決めて図書館員の待機する指定された書店へ選書権をもつものが出向き選書を行う。図書館での見計らいでは担当業者により一次選択が行われているが、それに比して広く多様な情報資源群の中からの選書をすることになる。選書者は興味のある分野の類書や、関連するものとの比較検討が可能である。

---

20) 前掲1) の p. 235より。

68

第4章 図書館情報資源の選びかた

　利用者の資料要求をリクエスト以外のかたちで、直接蔵書構成に反映する狙いから、イベント的に利用者が選書する機会がもたれることがある。これらのイベントは「選書ツアー」「ブックハンティング」と呼ばれる。

　公立図書館において住民参加型の選書ツアーが行われることがある。しかし、資料要求が直接反映できる一方で、選書を尊重して全て受け入れるのか、公立図書館の資料としてどうなのかというレベルの図書などが選ばれた場合、それらの資料を図書館がフィルタリングできるのかといった問題が生じるなど、解決すべき課題も指摘されている[21]。

　同様に、大学図書館においても、利用者参加型選書として、選書ツアー、選書イベントが企画されている。学生による店頭選書の先駆けとして、大阪産業大学綜合図書館では「学生選書モニター」を1988年から実施している[22]。他にも多くの大学が学生選書ツアーを実施している。これらの大学では、事前に選書基準の説明などの機会がもたれている。また、ケースとして多いとは言い難いが、図書館実習や図書館インターンシップに参加する司書課程の学生が、実習の一環として選書に参加することがある。

2.6　選書のツール

　資料が新刊か既刊か、古書かなどによっても、方法や必要な選書のツールは異なる。選書のツールとしては、新刊であれば出版社や出版業界から出される情報誌、PR誌等とともに、図書館に出入りする業者が作成するチラシやパンフレットがある。それらを利用し網羅的に新刊情報を把握してその中から選択していく。既刊資料は自館の蔵書内容を確認しつつ、入手可能性を含めて販売書誌にあたっていく。古書ならば、古書専門書店の古書カタログ、古書展のカタログなどを利用する。これらは印刷物で配布されるだけでなく、ウェブサイ

21）選書ツアーに関する課題等については、参考文献の田井郁久雄（2008）が事例もあり詳しい。
22）福岡南海子「学生選書を通じてより良い図書館を作るために：大阪産業大学綜合図書館「学生選書モニター」の事例報告と実施大学への調査結果」『大学図書館研究』no. 88, 2010, 1-11p. の p. 1より。

トでも閲覧可能なものがある。選定の意思決定には書誌的な情報に加え、さらにその資料についての情報や評価を得るために書評を利用することがある。

以下に、選書のツールを例示する。

(1) 出版社情報誌・業界紙
　　①『週刊新刊全点案内』(図書館流通センター、週刊)
　　　毎週火曜日発行。図書館の選書用資料として前の週に発行された新刊図書を網羅的かつ詳細に案内、毎週平均1330点掲載。全体の6割にあたる在庫図書には表紙の写真付きである。
　　②『これから出る本』(日本書籍出版協会、月2回刊行)
　　　日本書籍出版協会による協会会員の発行する書籍を対象にした近く発行される予定の書籍の目録。全国の書店で配付される。バックナンバーは同協会のサイトより PDF で閲覧可能である。
　　③『出版ニュース』(出版ニュース社、旬刊)
　　　(http://www.snews.net/news, 参照2017.9.30)
　　　出版業界のトピック、新聞・雑誌に掲載された書評のリスト、新刊分類目録、海外情報、出版関係文献資料などを収録。
　　④『新文化』(新文化通信社、週刊)
　　　(https://www.shinbunka.co.jp, 参照2017.9.30)
　　　出版産業の動向やニュース、各種データを収録した業界紙。

(2) 販売書誌　購入可能な図書がリストされたものである。
　　『Books』(日本書籍出版協会) (http://www.books.or.jp, 参照2017.9.30)
　　　国内で発行され、現在入手可能な書籍を収録する書籍検索サイト。収録データは、各出版社から提供される書籍情報を、日本書籍出版協会の「データベース日本書籍総目録」に蓄積し、そのうちの入手可能な既刊分、約98万点を収録。

第 4 章　図書館情報資源の選びかた

(3) 選択書誌

　　選択書誌とは利用対象や著作の水準などの観点から一定の採択基準を設け、
　収録資料を選択して作成される。公共図書館や学校図書館では、新刊全体
　の膨大な書誌情報を相手に選択を行うことは時間と労力を伴う困難な作業
　になるが、選択書誌を活用することで一定水準を保った資料選択ができる。
　『学校図書館速報版』（全国学校図書館協議会、月 2 回刊行）
　　全国学校図書館協議会で、学校図書館に適した図書を選定。学校図書館協
　議会選定基準に基づいて 1 冊について複数の選定委員からの推薦がついた
　図書を選定に合格とし、毎年約7000冊の図書が「選定図書」として選ばれ
　ている。学校図書館にふさわしいとされる図書のリストである。

(4) 雑誌・新聞の情報源

　①『雑誌新聞総カタログ』（メディア・リサーチ・センター）
　　国内唯一の定期刊行物の総合目録。市販の雑誌や専門誌など約 1 万5000件、
　新聞・通信類3000件収録。
　②『国立国会図書館サーチ』（国立国会図書館）
　（http://iss.ndl.go.jp, 参照2018.2.14）
　　旧「全国新聞総合目録データベース」の内容を収録。図書館や新聞社など
　国内約1200機関の新聞の所蔵を調べることができる。国立国会図書館のリ
　サーチナビの「調べ方一般＞新聞」で全国紙、全国紙の地方版、各地の地
　方紙等へのリンクがある。

(5) 書評の情報源

　　国立国会図書館のリサーチナビでは、出版カテゴリのもとパスファインダー
　『書評（国内）の探し方・見つけ方』を提供している。「書評索引で探す」「記
　事索引で探す」「書評掲載資料を通覧する」という目次をたて、冊子体資料と
　ウェブ資料の両方の書評の情報源を探すことができる。
　①『週刊読書人』（読書人、週刊）

（http://dokushojin.com, 参照2017.9.30）

大学教授、専門家による書評を掲載。年間約700点ほどの書評を掲載。『書評ナビ』という各日刊紙（朝日・毎日・読売・日本経済・産経・東京新聞）の書評面で取り上げられた書籍の著（訳）者・書名・出版社・本体価格（税別）・書評者を書影写真と見出しをつけて紹介するコーナーがある。『書評ナビ』ウェブサイトでは最近2カ月の掲載内容を検索することができる。

② 『図書新聞』（図書新聞、週刊）

（http://toshoshimbun.jp/books_newspaper, 参照2017.9.30）

書評専門の新聞。ウェブサイトの『書評検索』では、書評本文をキーワードで検索して、『図書新聞』の2843号以降の記事名、掲載日を調べることができる（書評本文は定期購読者のみ閲覧可能）。

　日本図書館協会は、公共図書館、学校図書館、公民館図書室などの読書施設に図書情報を提供することを目的とした『選定図書総目録』を発行していた。しかし、民間の各種出版情報の提供、インターネットの普及など情報提供環境が大きく変化したこと、購読図書館の減少、新刊の選定において図書館でそれほど利用されていない実態などが明らかになり、2016年3月にその事業を終えている。

　情報資源に関する情報源は伝統的なものが引き続き利用される一方で『選定図書総目録』の事業停止の理由にも上がっているとおり、インターネットを通じて、出版社、販売サイト（書店、通販全般）から容易に得られるようになった。加えて、ソーシャルネットワークサービスを通じた情報交換、選定された書評者ではなく、一般個人が書き込めるレビューサイト、通販サイトの販売情報のレビュー欄など多様な情報源が存在する。不特定の執筆者によるレビューは図書館にとっての選書の根拠としては弱いが、少なくとも利用者にとっての情報源としては利用されていること、それらが利用者の資料ニーズに影響することは疑いのないことである。

第4章　図書館情報資源の選びかた

③　複本の考えかた

　多くの図書館は増え続ける情報資源によって常にスペースの問題に直面している。そのため、1タイトルにつき1コピー所蔵する、少なくとも閉架に関しては1コピーのみ保存するという原則をとることが多い。2冊以上の同一書名、同一版のものを複本という。公立図書館において、予約が殺到する図書について、利用者の便宜のため1タイトルについて複本購入を行うことがある。しかし、どの程度の複本を用意するかについては、判断が分かれるところである。ベストセラーに関して、複本購入を行うことについては「無料貸本屋」論争を招き、しばしば出版界から批判を浴びることになった経緯がある。市場とのバランス、著者の知的財産の保障、利用者のニーズ、図書館の予算等とバランスをとることが重要である。選書基準に、どのような時に、「何冊まで」と明記しておくとよい。

　大学図書館では、各学部に配当される予算から選書し学部固有に所蔵することがある。しかし限られた予算やスペースの有効な活用を勘案し、大学のどこかにあれば購入しない、他学部、他キャンパス図書館と重複しても購入する等、優先順位、選書レベルを設定しバランスをとることがある。また保存する際にはどこが保存していくかを分担する場合がある。さらに、電子ジャーナルなど、高額な情報資源で、かつ共通する領域にまたがる場合は、学部間で重複購読せず、学内コンソーシアムで相互負担し購読するなどの方法がとられる。

④　情報資源の新陳代謝

　蔵書構成というのは、収集したものを受け入れ、所蔵する情報資源が単に増加していくことを目指さない。既存の蔵書の評価と点検を必要とし、適切な全体バランスと、情報利用が保障されるような構成が維持されるべきである。したがって、情報が陳腐化したもの、物理的に使用に耐えなくなったもの、あま

り利用されなくなったものなどを見極め、除架するのか、保管するのか、除籍
および廃棄するのかなどを判断していく必要がある。この作業をウィーディン
グ（weeding）といい以下のように説明される。

> ウィーディングは利用者のニーズとの関わりで組織的に点検するプロセスで
> あり、資料の利用頻度、刊行年と分野、重要度、物理的状態などをもとにし
> てウィーディング方針によって直接書架上の資料に目を通して作業が行われ
> る[23]。

　ある情報資源を蔵書に含めるのか否かという判断をするという点については、
収集も除籍も同じことである。除籍に関しては、除籍基準が設定される。除籍
とはその図書館の蔵書から抹消されることであり、慎重を期す作業となる。万
が一、将来その情報資源を必要としたとき、相互貸借やアクセス可能な電子資
料に期待ができない場合は除籍すべきではない。

⑤　拡張するコレクション概念

　「蔵書」という語からは書物をイメージしがちである。20世紀を通して、さ
まざまな形体の情報メディアが登場し、それらは図書館へ取り込まれてきた。
そのため多様な資料形体の情報資源の集合体を示すために、コレクションとい
う語を用いるようになった。そして情報技術、通信技術の発展がもたらした劇
的な情報環境の変化は、図書館が対象とする情報資源の範囲をさらに広げた。
このため、図書・雑誌を中心とする有形の資料を選定し蔵書構成するという伝
統的な用語である「蔵書またはコレクション」という語が、現状の情報資源の
あり方と馴染まなくなった。実際には、情報資源の形がどうであれ、利用者の
情報ニーズを満たす存在が図書館ならば、図書館がサービスの根拠としうるも
の、情報サービスとして提供しうる情報源、情報資源すべてを選定の対象とし

---

23) 前掲1) の p. 14より。

第4章　図書館情報資源の選びかた

てとらえていく必要がある。そのため、「所蔵」「所有」になじまない情報資源を包括する概念として「拡張されたコレクション」という考え方が示されている[24]。「拡張されたコレクション」には有形のモノを所有しない情報資源が含まれる。

　パッケージのない電子情報源（ウェブ上の、またはオンライン利用）について考えてみると、印刷媒体を一度受け入れたら廃棄するまでコレクションの一部になるという所蔵とは異なり、アクセス権を保有するということになる。そうした場合、アクセス権を失えば情報資源として活用できなくなる可能性を考慮しなければならない。電子媒体と印刷媒体のどちらかを選択可能な場合、提供方法との兼ね合いから選択していくことになる。はじめからデジタル形式でつくられた「ボーンデジタル（born digital）」な情報資源は、「物」を所蔵するわけではないので、いったん受け入れてしまえば保存可能な紙媒体と違って、アクセスを確保し続けるか否かという問題が生じる。アクセスの権利を購入しているようなものは、逐次刊行される情報資源等は購読中止の後、購入済み分、バックナンバーへのアクセスの確保を契約時に確認しておかなければならない。

　オープンアクセスのジャーナルの出現や、機関リポジトリを通じて入手可能な情報資源も増加している。大学紀要などの大部分は検索と閲覧環境さえ確保すれば、もはや紙媒体での収集および保存をしなくとも情報は手に入る。これらの情報資源については、アクセスが可能なものは何があるのか、利用者はどのように入手できるのかという条件や情報を収集しつつ、検索および入手可能な環境の整備、そして提供方法の選択をしていくことになる。

24）前掲6）のp.75より。

―■□コラム4□■――

利用者ニーズと書架と陳列棚

　図書館の選書について、利用者の情報ニーズを直接反映する方法には2つあって、そのひとつは「リクエスト」であり、もうひとつは参加型の「店頭選書」である。

　リクエストとは、その図書館の書架に無いものを利用者が求めることができるサービスである。その際利用者は自らの情報ニーズの自覚があるし、初めから欲しているものが誰の書いた何という本かを知っている。一方、店頭選書では利用者はそこへ行くまで、書店に何があり、自分が何を選ぶのか知らない。そして店頭で目についたものを選びとっていく。陳列棚の本の姿を目にした瞬間に情報ニーズを自覚し、初めて何を欲しているのかがわかる。つまり、図書館のリクエストでは書架に「無いもの」を選び、店頭選書では陳列棚に「あるもの」を選びとる行為だと言える。

　リクエストも店頭選書も利用者のニーズを直接反映したものでありながら、資料選択の動機自体が異なるのである。いずれにせよ利用者のニーズを「引き出す」力を書架も陳列棚も持っている。図書館としては、あるべきものが「無いもの」としてリクエストが多発することは蔵書構成の弱点とみなされる。けれども、さらなる読書欲求を引き出したり、学習意欲を掻き立てるような書架であるなら、それは魅力的な蔵書構成だと言えよう。

（村主千賀）

第5章	地域と行政の情報資源

① 地域資料の定義とその変遷

1.1 地域資料とは

　地域資料は、「図書館法」（1950年）第3条でいう「郷土資料」及び「地方行政資料」の図書・記録類を指す。ここには、土地の事情及び一般公衆の希望に沿うよう、図書館は「郷土資料」や「地方行政資料」に十分留意しながら収集するよう明記している。

　なお、図書館法のいう「郷土資料」は、民間の出版社や団体が発行した情報資源を指し、「地方行政資料」は国や自治体が作成した情報資源を指すものである。ただし、いずれも地域全体を総合的かつ相対的に把握する情報資源であることに変わりはない。このため、発行者の主体で分類するのは無意味であるとして、今日では一括して「地域資料」と呼称するのが一般的である。

　こうした地域資料は、一般公衆の調査研究を目的とする利用はもちろん、「時事に関する情報及び参考資料を紹介し、及び提供すること」（図書館法第3条）とあるように、同時代に生み出される情報資源も含む。このため、地域資料は歴史的事象を調べることはもとより、現在の自治体行政サービスを知ることなど、「地域行政と住民の生活とを結びつける情報資源」としても位置づけられている。

1.2 明治・大正期の地域資料

　わが国における地域資料の指針については、1900年に当時の文部省が発行した『図書館管理法』（文部省，1900）に、「其の地方の歴史、地理、理科等に関

する書籍、並に其地方人の所著に係る書籍を広く収集し、地方に対する興味を養成すべし」とあり、地域資料の収集に留意するよう明記している。この一文はそれ以前の『図書館管理法』（西村竹間, 1892）には示されておらず、1900年になって新たに追加されたものである。背景には1890年代後半より全国各地で図書館の設立が増加したこと、また前年の1899年に「図書館令」が公布されたことなどにより、改めて図書選択のあり方を提示する必要があったためと考えられる。

こうした指針を受け、1903年に開館した山口県立山口図書館では、「地方図書館に在りては、郷土志料、即ち、地方の沿革及び現状を記すべき新旧資料、地方出身者の事績及著述を収集し、特別の書架に収めて公開すべし」と定めた。また、地域資料の分類については「0門」（総記）に含め、特に「防長叢書」と命名し一般書と区別している。

大正時代に入ると、地域資料についての収集方針が具体的に明示されるようになり、現在の概念とほぼ変わらない水準まで確立された。日本図書館協会が発行した『図書館小識』（日本図書館協会, 1915）に、地域資料の収集について明確に規定したのである。以下、原文を現代文に訳し紹介する。

地方の中小図書館がその地域に関係ある図書を広く収集するのは当然必要なことであり、特に論じるまでもない。ただし、どこまでを地域に関係ある図書とするのか、その内容も含めて購入するべきか購入を見送るべきかの判断は大変難しい。郷土関係図書とは、おおよそ以下の7項目に該当する。

①　当該府県市町村に関する書籍。出版物のほか写本も含む

②　絵画や地図及びこれに類するもの

③　当該地方のために特に印刷した書籍

④　当該地方出身者の著書や伝記、肖像

⑤　当該地方発行の新聞や雑誌

⑥　当該地方の著名な建物、町並み、人物、事件の写真

⑦　当該地方の官公庁などの出版物

第5章　地域と行政の情報資源

　これらを収集するにあたっては、短期間で一気に集めようと焦るよりも、普
段から気に掛けるようにして継続的に適宜収集し、自然と集まるようにした方
がよい[1]。

　日本図書館協会のこうした方針もあり、以降地域資料は各図書館で収集・保
存され、アーカイブとしての機能を果たすこととなった。また、自治体によっ
ては図書館の一室が地方史編纂の拠点（通常は庁舎内の一室）に指定される場合
もあり、こうした図書館では特に原資料が数多く集積されることとなった。具
体的には近世文書、古文書をはじめ、通常ならば保存年限切れや合併等に伴い
廃棄される行政文書などである。

1.3　「中小レポート」以降の地域資料

　1963年、「中小レポート」と略称される『中小都市における公共図書館の運
営：中小公共図書館運営基準委員会報告』（日本図書館協会，1963）が発行され
たことで地域資料は大きな転機を迎えた。中小レポートは、それまでの沈滞し
た図書館運営に対し、市民のニーズに即した「資料提供」を中心とする図書館
づくりを提起したものである。こうした方針のもとで、従来から特別扱いされ
てきた古文書を中心とする地域資料は、限られた人たちのための情報資源であ
るとされ、「整理・保存」を中心とする図書館運営の典型として批判された。
同時に、図書館が重点的に収集する地域資料は行政サービスや市民の生活に直
結する「今日的な」地方行政資料であり、インフォメーションセンターとして
これを利用者に提供するべきであるとした。

　こうした地域資料の新たな提起がされる中、1964年には文書館設立運動の機
運が高まった。これは、図書館関係者や歴史学関係者が資料保存のため文書館
を設立し、図書館の郷土資料室や歴史的資料を移管させようとするものであっ
た。1966年にはこうした目的で「郷土資料」のあり方が大いに議論されている。
ただし、多くの図書館は郷土資料が切り離されることに消極的であり、議論は

1）日本図書館協会編『図書館小識』日本図書館協会，1915，202p. の p. 95 より。

その後長く平行線をたどった。都道府県で公文書館が設立されることになるのは「公文書館法」が成立した1987年以降のことであった。現在では、全国的に文書館や公文書館が多く設立されている。

「中小レポート」と文書館設立運動は従来の図書館の姿勢を批判することとなり、図書館は新たに今日的な地方行政資料の収集に努める必要に迫られた。1965年、図書館業界は地方行政資料の収集について議論し、改めてこれを定義することとなった。すなわち、行政の作成する情報資源は地域全体の必要情報に関連する場合があるため、図書館はこれら最新の情報資源も郷土資料に含めて積極的に収集し、広く住民に提供していくというものであった。

この方針は、歴史的資料や文学資料を中心とする従来の「郷土資料」の概念とどうしてもずれが生じる。そのため最新情報群を含む地方行政資料と従来の歴史的資料を一括する概念を、新たに「地域資料」と表現し、この用語のもとで両者を同列に扱うこととした。

1970年、「中小レポート」の理念を実践的に深化させた『市民の図書館』(日本図書館協会, 1970) が発表されると、インフォメーションセンターとしての地域資料サービス実践を始める図書館が現れた。この代表的なものが東京都日野市立図書館の「市民資料室」「市政図書室」の開室であり、インフォメーションセンターとしての地域資料サービスが始まった。ただし、全国的には「中小レポート」以降、貸出を中心とするサービスに重点を置く考え方が支配的となり、地域資料に対する取り組みはなかなか広がりをみせなかった。

1.4　2000年以降の地域資料

こうした状況は、1999年より始まった平成の大合併を契機に変化した。平成の大合併は自治体を広域化することによって行財政基盤を強化し、地方分権の推進に対応することを主な目的としたものであった。また、地方分権一括法が施行 (2000年) され、地方自治体の権限を強化すると同時に従来の行政サービスも大きく変容することになった。

この大合併が全国的に進展し、2005年頃にピークを迎える中で、住民は自ら

第5章 地域と行政の情報資源

の自治体サービスの変化や行財政などの情報を積極的に求め始めた。図書館ではこうした要望に応えるため、最新の地域資料サービスを大なり小なり実践し始め、次第に発展しながら現在に至っている。

また、かつては批判された歴史的資料の収集についても、合併問題を機に自らの地域史への関心が高まりつつあることから、図書館が主体的となってこれを収集する例もみられるようになった。こうした要因には、1996年から始まった図書館業務委託制度、2004年から始まった図書館指定管理者制度による運営形態の多様化があり、自治体直営の図書館も含め、より地域に根ざした総合的なサービスが追求されていることも関係している。

2000年代後半、地方行政資料は急速に電子化が進み、「電子行政資料」として配信され始めた。電子行政資料は、従来紙媒体で刊行されていた行政資料が、印刷費削減のため PDF 形式などの電子情報に置き換えられたもので、インターネットを通じて広く配信される場合が大半である。従来、行政資料は通常の出版物ルートに乗らず、一般に入手が難しい「灰色文献」であったが、インターネット環境下にあっては誰でも情報を入手できるようになった。ただし、一方でサーバーの変更、サイトの閉鎖、公開情報の削除など、発信者の都合により情報公開が取りやめになる例もあり、灰色文献へのアクセシビリティ問題が完全に解消されたわけではない。そのため、図書館がこうした電子行政資料を引き続き収集していく重要性は変わらないのである。

こうした状況にあって、多くの市区町村図書館は、電子行政資料の入手や公開の許諾手続、印刷、製本等の事務量増加のほか、情報を閲覧する機器（パソコンなど）の設置などを巡って予算やセキュリティー面からもさまざまな問題に直面している。これらの問題が克服されてない中で、定期的に送られてくる紙媒体の行政資料がインターネット配信に置き換えられたのを機に打ち切られると、図書館側では結局収集をやめることにつながってしまう。これは地域資料サービスの充実化や収集の継続性を図っていく上で大きな問題であり、早急に解決しなければならない課題となっている。

② 地域資料の種類

2.1 地域資料の範囲

　地域資料は、基本的に地方自治体（市区町村）の行政区画のあらゆる情報を範囲とするが、文化圏や経済圏として関係が深い地域も対象に含める。また、郷土の特徴的な自然・人物・産業・信仰が他地域に及んでいれば、その情報に限って地域資料と考え、可能な限り収集するものである。

　地理的な収集範囲については、一般的に以下の優先順位に基づく。ここでは理解の一助となるよう、具体例として愛知県西部にある津島市の事例を（　　）内に付記する。

① 　当該自治体（愛知県津島市）
② 　広域行政圏を形成する隣接自治体（津島市を含む旧海部郡の7自治体）
③ 　地域（愛知県西部の西尾張地域）
④ 　旧国名または都道府県（旧尾張国および愛知県）
⑤ 　隣接県（岐阜県・三重県・静岡県・長野県における関係自治体）
⑥ 　姉妹都市（カリフォルニア州ハーキュリーズ市）

なお、最後の姉妹都市事業については、1970年から90年代にかけてのブームに乗って、歴史的・文化的な経緯と関係なく提携した事例も多い。こうした自治体の中には一時的な訪問団やホームステイ交流を行っただけで終わり、事業自体がすでに風化・自然消滅している例も散見される。こうしたことから、これを地域資料としてどの程度収集するのかは、状況により判断が分かれるところであろう。

2.2 地域資料の種類

　地域資料は記録資料（文字やことばで記録された情報資源）と非記録資料（発掘遺物や民具などのモノ資料）の大きく2つに分かれる。一般的に図書館では記録資料を収集する。ただし、モノ資料の中には地域に関する記録が残されている

第5章　地域と行政の情報資源

場合もあり（記念品、看板、陶磁器の文字や銘文など）、自治体内に博物館や資料館がない場合、散逸を防ぐためにも収集を検討する必要があろう。

　記録資料については、印刷資料と非印刷資料に分かれる。具体的には以下のように大きく3種類に分類できる。

① 記録資料（印刷資料）

　図書（洋装、和装の刊本）

　逐次刊行物（新聞、雑誌などの定期刊行物）

　小冊子類（パンフレットなど）

　一枚物（リーフレット、ポスター、版画、絵はがき、うちわ、ビラ、チラシ、ポスター、商標など）

　地図（一枚物、冊子物、巻子物）

　クリッピング（新聞、雑誌記事など）

　その他（かるた、カタログ、楽譜など）

② 記録資料（非印刷資料）

　手書き資料（文書類、記録類、拓本、写本、短冊、色紙など）

　視覚資料（写真、スライド、映像フィルム、マイクロフィルム、マイクロフィッシュ、ビデオテープ、DVD など）

　音声資料（レコード、録音テープ、CD など）

　点字資料

③ 非記録資料（モノ資料）

　発掘遺物　民具・生活用品　美術・工芸品　物産見本・標本　模型

2.3　地域資料の内容

　地域資料の種類については上記のとおりであるが、特徴的な情報資源もあるため内容を説明しておきたい。

⑴ 逐次刊行物（新聞、雑誌などの定期刊行物）

　地域資料としての逐次刊行物は、地元新聞や地域のコミュニティーペーパーをはじめ、地方行政機関・学校・企業・各種団体などが発行する定期刊行物を指す。こうした地域資料は一般の逐次刊行物のように年限保存ではなく、永年で保存する。また、目録で採った情報が、蔵書ラベルや分類ラベル、パンチによる孔で不完全なものになってしまわないよう注意する。

⑵ 一枚物（リーフレット、ポスター、版画、絵はがき、うちわ、ビラ、チラシ［引き札を含む］、ポスター、商標など）

　最も多様な種類がある。内容は地域の催しをはじめ、風景、風俗、商業、選挙運動などさまざまな特性を保存し復元に役立つ情報資源群となっている。このうち絵はがきは、観光土産用のほか、建物の竣工や各種事業などの記念行事、各種機関・企業・団体の紹介、ニュース報道用などさまざまな目的をもって発行されている。このため、絵はがきは単なる風景・風俗紹介にとどまらず、当時の人々がどのような視点で地域をとらえていたかを示す情報資源にもなる。

　うちわを地域資料としてみなす事例は少ないが、近代以降は工芸品というより広告の一種としてとらえ収集する図書館もある。うちわは図柄に郷土の祭礼や行事（夏期催行のもの）を印刷するのが一般的であるが、発行元である地元企業や商店の宣伝、自治体や団体の紹介なども印刷され、チラシや広告類の役割を果たしている。

　チラシは地域の生活に密着した情報資源で、時間的経過とともに資料価値が増すものである。ただし、その種類は雑多で、衣食住のほか各種娯楽や習い事など膨大な量にのぼる。このため、収集する主題や月日・曜日を限定し、断続的に収集していく傾向が一般的である。例えば、①主題を物価・地価の推移がわかるもの（スーパーや不動産関係）、②毎年元日、もしくは毎週決まった曜日のチラシをすべて集める、などの限定収集である。

　なお、明治時代に隆盛をみた「引き札」（図5.1）もチラシの一種であり、歴史的資料としての価値は高い。地域のものであれば入手するようにしたい。

第5章　地域と行政の情報資源

図5.1　「引き札」下駄表販売（明治後期）
(出所) 津島市立図書館所蔵。

　「商標」（図5.2）は地元の商工業を知る上で手掛かりになる有用な情報資源である。大正期以降はマッチ箱に店の商標や宣伝を印刷した「燐票」（図5.3）（マッチラベル）も登場する。これらを収集することで資料的にも視覚的にも興味深いコレクションを形成することになろう。

(3) 地図（一枚物、冊子物、巻子物）

　地図は、用途や目的により、住宅、観光、産業、道路、文化財地図など多くの種類が発行されている。住宅地図については、いうまでもなく常に最新の情報が求められており、これを継続的に購入しなければならない。なお、住宅地図は昭和30年代から「住宅協会」や「善隣（ゼンリン）」によって発行が始まっている。地域の変遷がわかるよう、できるだけ過去のものも揃えておくことが望ましい。

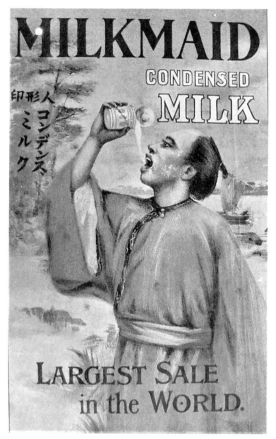

図5.2 「商標」 コンデンスミルク（明治後期）
（出所）津島市立南小学校所蔵。

(4) 手書き資料（文書類、記録類、拓本、写本、短冊、色紙など）

　手書き資料の中で、とりわけ図書館が収集すべきものは地域を代表する文学者や芸術家が書いた直筆原稿、日記、俳句や短歌を記した短冊、色紙などであろう。図書館では地域の人物コーナーを設ける例が多く、こうした対象者のコレクションを充実させることは重要である。

　また、これ以外に地元住民の所蔵する文書や記録類、学校で所蔵する情報資

第5章　地域と行政の情報資源

図5.3 「燐票」 銀行（1951年）
（出所）津島市立図書館所蔵。

源群（学校日誌など）も有用である。現物を所蔵できなくとも、借用しデジタルデータとして保存しておけば、豊かな地域資料コレクションを構築する上で役に立つであろう。

(5) 視覚資料（写真、スライド、映像フィルム、マイクロフィルム、マイクロフィッシュ、ビデオテープ、DVD 等）

　地域資料の内、写真や映像などの視覚資料は、市民にとって関心が高く馴染みやすい情報資源であると同時に、観光ガイドや街並み保存、歴史研究など広汎な分野で活用できる重要な情報資源にもなる。

　写真資料は、近年古写真を収集する図書館が増加しつつあるが、個人からの寄贈を待つだけでは数量的にも内容的にも限界がある。このため、各機関や個人が所蔵する写真を積極的に借用してデジタルデータとして収集し、これを保存していくことが求められる。借用の際には公開可能かどうかの確認、写真情報の聞き取りなどが必要である。

　今後写真資料の借用を検討する図書館は、まず市役所・各種学校・警察署のほか、すでに収集している文書館・博物館・資料館などの公的機関を対象に打診するのがよいであろう。これらの機関は数量的に一定程度所蔵しており、借

87

用手続きも定められている場合が多いためである。

(6) 非記録資料（モノ資料）

　これらの情報資源は、いわゆる非図書資料（映像・音声資料を除く）に当てはまるもので、通常は博物館や資料館が収集する。ただし、先述したとおりモノ資料の中には地域に関する記録が残されている場合もあり（記念品、看板、陶磁器銘など）、自治体内に博物館や資料館がない場合、散逸を防ぐためにも収集を検討する必要があろう。

2.4　地域資料の収集

　地域資料は非常に幅が広く、その種類は多岐に及ぶ。そのため、上記のような内容をすべて取り扱うことは難しい面もあろう。ただし、地域を知るためには一定規模のコレクション形成が不可欠である。所蔵できない情報資源でも借用あるいは撮影許可をもらってデジタル化保存するなど、できるだけ網羅的な収集に努めたい。

　地域資料は入手方法が多様で、常に情報の把握に努めることが必要である。主な情報源は以下のとおりである。

(1) 報道記事（新聞・広報誌など）

　新聞の地方欄や地方新聞には、個人・団体・行政などが出版する本や冊子が適宜紹介される。これらの情報資源は一般の流通ルートに乗らない自費出版や非売品など、「灰色文献」である場合も多い。そのため、情報を得るにはこうした地域の報道記事に常に目を通しておく必要がある。

(2) 雑誌（地域研究雑誌・学術情報データベースなど）

　地域のことを採り上げた雑誌、とりわけ郷土史研究を目的とする研究雑誌には引用文献や参考文献が紹介されることが多く、特定テーマの情報資源収集には有意義である。また、「CiNii」（https://ci.nii.ac.jp, 参照2017.12.23）などの学術

情報データベースを利用して論文検索を適宜行い、地域に関する論文情報を把握（場合によっては取り寄せ）することも重要であろう。

(3) 他館の収集情報

　国会図書館のデータベースでは、自館が収集・保存する膨大な資料に加え、全国の主要図書館の所蔵情報も一括して検索できるため、地域資料の情報収集に大変有用である。また、国会図書館のデジタル資料を検索・閲覧できるサービス「国立国会図書館デジタルコレクション」(http://dl.ndl.go.jp, 参照 2017.12.23) は情報資源の内容を把握できるため必ず確認すべきである。

　そのほか、各都道府県図書館では市区町村図書館への支援事業として、自館で新たに収集した地域資料群をリストにし、県下の各図書館へ定期的に情報提供する例が見られる。加えて、各図書館では OPAC やホームページ上で地域資料の新着案内を紹介するところも多い。他館のこうした情報は参考になる場合も多く、これらを活用しながら情報収集を進める必要があろう。

(4) 出版情報

　地域資料は地方出版社が刊行することも多い。こうした地方出版社の新刊案内は大半がホームページ上での紹介であるものの、チラシや冊子で案内するところもある。このため、適宜地方出版社のホームページや冊子などを確認し、新刊もしくは復刻版案内などの情報を把握しておく必要がある。

(5) 古書目録・古書インターネット検索・古書市

　新刊で収集できず、すでに品切れてしまった地域資料を探す場合は、古書店から発行される目録やインターネット検索が有用である。とりわけ、大規模な古書市での出品目録には珍しい地域資料が掲載されていることもあり、できるだけ目を通すことが求められる。時機を逃すと先に売れ、手に入らなくなるからである。古書市には目録に反映されていない情報資源も多く出品されるため、実際に現地へ出かけ、自ら探すのが望ましい。

近年、インターネットによる古書検索は充実しつつあり、多くの古書店が加盟する古書籍情報サイト「日本の古本屋」（https://www.kosho.or.jp, 参照2017.12.23）では、絶版図書や歴史的資料なども簡単に探すことができる。また各店舗の価格比較も一目瞭然である。地域資料購入にあたっては、一般的にこの情報サイトを活用するべきであろう。ほかにも年代物の絵はがき販売を専門に扱うサイト「ポケットブックス」（http://www.pocketbooks-japan.com, 参照2017.12.23）なども有用である。

(6) 利用者からの情報
　図書館利用者や住民、地域研究者の中には、地域活動や研究に携わる過程で情報資源に詳しい人や出版に関わる人もいる。こうした人から地域資料の有用な情報を得られる場合も少なくない。
　また、自らが著作に関わったもの（自費出版を含む）の寄贈、自らのコレクションの寄贈なども図書館にとって有益である。日頃からコミュニケーションをとり、気軽に情報交換ができるような雰囲気をつくっておく必要があろう。

(7) インターネットオークション
　現在、地域資料を収集する上で新たに注目される手段がインターネットオークションでの購入である。インターネットオークションは敷居が低く、古書店・古物商ばかりでなく一般からも多様な地域資料が出品され、これを手軽に購入できるようになった。極端な価格設定や競合する場合は気をつけねばならないが、概ね低価格で購入できることも大きな魅力である。なお、オークションの落札時刻は通常夜間に設定されるため、業務時間外でも入札情報を注視する必要がある。オークションサイトで最も有用なものは「ヤフーオークション」（https://auctions.yahoo.co.jp, 参照2017.12.23）である。

2.5　行政の情報資源
　公共図書館が、行政資料を地域資料とみなして積極的に収集しはじめたのは、

第5章　地域と行政の情報資源

1970年代の東京都日野市立図書館における「市民資料室」「市政図書室」の開館が大きな契機とされる。それまで行政資料は、公開・周知を目的にした広報などを除けば、大半は義務的・事務的に印刷された内部資料に過ぎないものであった。これが住民の自治意識や情報公開への動きが強まるとともに、図書館にも多くの行政資料が送られ、やがて一般に公開されるようになったのである。

　2000年代以降、平成の大合併と自治体の大幅な権限拡大により、従来の行政サービスが大きく変容することになった。こうした状況の中、改めて行政サービスの情報や行財政運営などの市政状況が公開を求められるようになり、多くの図書館で最新の行政資料を提供している。

　一方、1980年代から小学校の社会科教育では「地域副読本」が全国的に刊行されるようになり、「地域のしらべ学習」が盛んに行われ始めた。これは、地域における社会生活を総合的に理解することで、児童に地域社会の一員としての自覚や地域に対する誇り、愛着の育成を目的としている。そのため、副読本の内容は地域のさまざまな情報を実践的に調べ、学んでいく構成となっている。図書館側としても、この社会科地域副読本の内容や構成を参考にしながら行政資料を収集することは、インフォメーションセンターとしての地域資料サービスを実践する上で非常に有効な手段といえる。以下に、地域副読本の主な構成7点とそれぞれのキーワードを、『地域副読本作成の手引き』(教育出版，2014)より紹介する[2]。

　①　わたしたちの大好きなまち
　　（a）地形・土地利用　　（b）公共施設の概要と機能　　（c）交通　　（d）歴史建造物
　②　働く人とわたしたちのくらし
　　（a）販売（商店）　　（b）生産（工業製品・農作物）

---

2)教育出版株式会社編集局編『地域副読本作成の手引き：小学校社会　第3・4年学年用　平成27年度版「小学社会」準拠改訂版』教育出版，2014，44p.
http://www.kyoiku-shuppan.co.jp/textbook/shou/shakai/files/1787/0/fukudokuhon-m27.pdf
（参照2017.12.23）の p. 19. より

③　変わるわたしたちのくらし

　（a）伝統行事・伝統芸能　　（b）昔の道具　　（c）生活の変化

④　安全なくらしとまちづくり

　（a）事件事故犯罪（警察）　　（b）災害（消防）・防災

⑤　健康なくらしとまちづくり

　（a）ゴミ処理　　（b）上下水道

⑥　昔から今へと続くまちづくり

　（a）古地図　　（b）遺構・史跡　　（c）人物

⑦　わたしたちの県のまちづくり

　［県域］県勢・自然環境・伝統文化・地場産業・観光・交通等

　これらの内容に対応するため、図書館は公的機関から発行される冊子や記念誌、パンフレット類を収集し、インターネットで公開される電子資料についても保存が求められる。上記①～⑥の地域副読本キーワードについて、対応できる有効な情報資源を示すと、表5.1のとおりとなる。なお、⑦は広域のため省略している。

　また、アーカイブ関係は図書館で収集している情報資源が有用であるが、大半は各自インターネットで最新の情報を深く調べることが可能となっている。

　公立図書館は行政機関の一組織であるが、主管課の違いによる情報不足などもあり、各部課の発行する情報資源をすべて把握することは難しい。これが行政資料の円滑な収集を阻んでいる大きな要因である。2000年代からは平成の大合併により自治体の範囲や組織はもとより図書館組織（本館・分館の組織系統など）も大きく変動し、よほど積極的に動かない限り情報の集約はきわめて難しくなった。また、指定管理者制度の導入により、自治体職員が直接的に運営に携わらない図書館が増加しつつあることも、行政資料の把握が難しくなっている一因とされる。

　こうした状況を改善するため、図書館の地域資料担当者は、市役所の行政資料コーナーをはじめ、議会事務局・文書課・庶務課・企画課・広報課などの書

第5章 地域と行政の情報資源

表5.1 地域副読本キーワードに対応できる情報資源

①わたしたちの大好きなまち	(a)地形と土地利用（地域の情報が細かく掲載されている地図。インターネットの各種地図サービスで調べ物が十分可能） 　情報資源：自治体発行の詳密地図、校区ごとの地図（各戸配布）、国土地理院地図、ゼンリン住宅地図など (b)公共施設の概要と機能（ホームページ情報で調べ物が十分可能） 　情報資源：市勢要覧、公共施設ガイドマップ、各施設のパンフレット (c)交通（バス、道、道路など。インターネットで調べ物が十分可能） 　情報資源：各種交通機関の時刻表・運行図、道路地図 (d)歴史建造物（インターネットである程度の調べ物が可能） 　情報資源：自治体史、市勢要覧、パンフレット、文化財関連本など
②働く人とわたしたちのくらし	(a)販売（商店一覧。各店のホームページである程度の調べ物が可能） 　情報資源：店舗マップ、街歩きガイド（パンフレット）、タウンページ (b)生産（農作物や工業製品のうち特産物とされるもの。行政資料が電子化されていれば、インターネットでも調べ物が十分可能） 　情報資源：商工会議所・JA・各種産業組合発行のパンフレット、市勢要覧、統計資料、ふるさと納税返礼品案内
③変わるわたしたちのくらし	(a)伝統行事や伝統芸能 　情報資源：自治体史、調査報告書、文化財関連本、パンフレット、祭礼・芸能関連本 (b)昔の道具 　情報資源：博物館・資料館・一般公開する古民家などの収蔵 (c)生活の変化 　情報資源：自治体史、郷土写真集、学校記念誌、ほか各種地域資料
④安全なくらしとまちづくり	(a)事件事故犯罪（警察署ホームページでも最新の情報や統計等を公開） 　情報資源：警察署統計、パンフレット (b)災害と防災（インターネットでも調べ物は十分可能。国土交通省のハザードマップや「標高がわかる Web 地図」は有用） 　情報資源：消防署統計、パンフレット、防災マップ、ハザードマップ、水防計画など
⑤健康なくらしとまちづくり	(a)ゴミ処理（基本的な情報はホームページ上に公開） 　情報資源：一般廃棄物（ごみ）処理基本計画、パンフレット、広報 (b)上下水道（基本的な情報はホームページ上に公開） 　情報資源：水道施設パンフレット、下水終末処理場パンフレット、統計、広報など
⑥昔から今へと続くまちづくり	(a)古地図 　情報資源：自治体史、郷土史関連本、特殊郷土資料、国土地理院地図 (b)遺構と史跡 　情報資源：自治体史、発掘報告書、文化財関連本、郷土史関連本 (c)人物 　情報資源：自治体史、記念誌、郷土史関連本、紳士録・人名録など

(出所) 筆者作成。

架を見せてもらい、どのような行政資料がどこで発行されているかを把握しておく必要がある。その上で各課に直接、あるいは所管課を通じて資料送付を依頼し、情報資源を収集していくのが一般的な方法となろう。これが役所内で納本制度として確立すれば、情報資源収集がより円滑に、かつ継続的に行われるようになる。図書館としてもこうした取り組みを収集方針の条項に加え、継続して働きかけていく必要があろう。

③ 地域資料の蔵書評価

3.1 蔵書評価法

　地域資料の収集・補充は一般資料と同じく継続的に行い、地域の調べ物やインフォメーションセンターとして利用価値のある構成を維持しなければならない。そのためにも適宜蔵書の再評価をし、資料の補修などの維持管理、移管や除籍などを実施して魅力ある情報資源群を構成していく必要がある。

　なお、地域資料は一般的に貸出を制限する図書館が多いが、館内閲覧にとどめていても定期的に中身を点検する必要がある。2017年、「学校史」「学校記念誌」の切り取り問題が大きく報道されたが、これらは地域資料扱いであり、普段から中身の点検をあまり行っていなかった。そのため、大量被害の発生につながったのである。こうした反省を活かし、地域資料の維持管理のため日常的に評価・補充・補修を行う必要がある。以下に、蔵書評価法の視点について紹介したい。

　蔵書評価法の視点は、一般的に「利用者を中心とした評価法」と「蔵書を中心とした評価法」の大きく2種類がある。ただし、地域資料は貸出制限をかけている図書館が多く、利用状況の把握が難しい。また、地域資料は図書の種類が少ない上、分類の偏在が顕著である。このため、一般的に行われる2種類の蔵書評価法の視点では地域資料を正しく評価できない。

　こうしたなか、地域資料の蔵書評価基準となるリストを決め、これに基づい

第 5 章　地域と行政の情報資源

表5.2　チェックリスト法

チェックリスト（自治体史現代編項目の具体例）
（1）政治
・地方自治と執行機関（行政組織、議会、各種委員会など）
・財政（歳入・歳出）
・福祉厚生（社会保障制度、児童・老人福祉、各種福祉）
・保健衛生（保健センター、福祉センター、病院・診療所）
・環境衛生（上下水道、ごみ、し尿処理、排水）
・発展事項（市役所の建設、市章、市のシンボル、市歌など）
（2）社会
・軍事、戦争（戦時体制下の生活など）　・治安（警察、消防、防災）
・交通、通信（道路、鉄道、郵便、電話など）　・人口、戸数
（3）産業
・農業（流通作物、園芸、養蚕、畜産、農業協同組合など）
・商工業（商業、工業、商工会など）
（4）土地開発、治水、用排水
（5）教育・文化
・学校制度（学校史、学校教育）
・社会教育（図書館、青年団、婦人会、体育協会、文化協会など）
（6）宗教
・神社　　・寺院　　・民間信仰
（7）人物
（8）自然
・地質（地震）　・環境　　・気候　　・生物
（9）民俗
・祭礼　　・行事　　・風習　　・方言など

（出所）筆者作成。

て不足する分野の収集・補充を図る「チェックリスト法」が最も有効となる。従来、地域資料の基準リストを定めるのは困難であるとされ、結局は他館の所蔵状況を参考にして不足分野をチェックすべきという、非常に曖昧としたものであった。

　ただし、住民にとって必要で役に立つ地域情報は、先述したとおり小学校社会科の「地域副読本」の中でほぼ網羅されている。これに、自治体の状況（歳入歳出、条例、各種統計など）の項目を加えれば、十分なチェックリストが作成できるであろう。実際、「地域副読本」の不足面を補うには、どの自治体も作成している自治体史現代編の項目が大変参考になる。自治体史は地域の概要を

総合的に浮かび上がらせるため、各分野の行政資料を使用しながら項目ごとに概説する形態をとる。このため、具体的なチェックリストの項目は、地域副読本と自治体史の内容に沿った形で作成するのがよいであろう。副読本の項目は既出のため、「自治体史現代編」の項目を表5.2に列挙しておく。

　ところで、上記「チェックリスト法」以外の蔵書評価法としては、「蔵書統計分析法」「リクエスト分析法」がある程度効果的な方法となる。

　「蔵書統計分析法」は、特定の主題分野ごとに冊数を調査し、それぞれの増加冊数も加味して比較分析する。その上で、不足している分野を明らかにし、これらの蔵書を補充強化する方法である。なお、地域資料はもともと種類が少なく発行分野も偏在する傾向があるため、全体的なバランスを考えることは全く不要である。

　「リクエスト分析法」は、リクエストやレファレンス記録を分析し、情報資源の不足を認識する手法である。とりわけ、地域資料については調べる目的が明確な場合が多く、具体的な情報資源の要求をする利用者が大半である。このような顕在化した要求に対し、入手可能なものはすぐに蔵書に加え、たとえ入手できなくとも複製やデジタルデータの作成で補うようにしたい。

3.2　蔵書の整理と独自分類

　日本十進分類法（NDC）では都道府県ごとに地理区分を設けているが、それ以下の市区町村ごとの細かい区分には対応していない。このため、地域資料を整理する際、自治体が異なっていても同じ分類記号を振らざるを得ない状況が見られる。こうした問題に対し、各都道府県立図書館では県下各自治体に対し地理区分を独自に細分設定することで対応している。

　また、地域資料は一般書と同じ主題分野では不便でわかりにくい場合がある。特に一枚物の文書類（行政資料や歴史的資料）などは、NDC に従って主題ごとにバラバラに分類排架するよりも、一括して揃えた方が利用する側にとって有益な場合もある。こうした事情から、主題に関する独自分類を設定する図書館も多い。独自分類の具体例としては「特殊コレクション」の新設、言語区分の

第5章　地域と行政の情報資源

表5.3　地域資料の分類例

A090　特殊コレクション
A092　［洋書を一括する場合はここに］
A093　［古文書、古記録を一括する場合はここに］
A093.9　［古絵図を一括する場合はここに］
A094　［家別文書、区有文書、社寺文書を一括する場合はここに］
A095　［クリッピング（自館作成）を一括する場合はここに］
A096　［写真、絵はがきを一括する場合はここに］
A096.1　［写真を一括する場合はここに］
A096.2　［絵はがきを一括する場合はここに］
A096.3　［肉筆書画を一括する場合はここに］
A096.4　［その他の１枚物（明治期以降の文書類、版画、番付等）を一括する場合はここに］
A096.5　［かるたを一括する場合はここに］
A097　［映像資料を一括する場合はここに］
A098　［録音資料を一括する場合はここに］
A099　［マイクロ資料を一括する場合はここに］

（注）「A」は愛知県を示す記号である。
（出典）愛知図書館協会郷土資料研究委員会編『愛知県郷土資料分類表　改訂３版』愛知県図書館, 1991, 57p.
のp.21より。

置き換え、県内の時代区分の新設（NDCは10版で新設）などである。

　2016年度の調査によれば、都道府県立図書館の大半ではこうした独自地理区分、独自分類を設定しているものの、市区町村立図書館では「地理区分あり」が全図書館の43％、「主題に関する独自分類あり」が26％にとどまっている現状がある[3]。こうした状況では、地域資料の数量が少ないうちは問題が顕在化しないであろうが、今後増加したときの利便性を考え、早い段階で検討することも必要である。

　参考までに、愛知県における地域資料の独自分類例（特殊コレクション）を表5.3に示す。

---

3) 全国公共図書館協議会編『公立図書館における地域資料サービスに関する実態調査報告書2016年度』全国公共図書館協議会, 2017, 96p. http://www.library.metro.tokyo.jp/Portals/0/zenkouto/pdf/2016all.pdf（参照2017.12.23）のp. 28より。

④ 地域資料の保存とデジタル化

4.1 地域資料の保存

　情報資源を利用するためには、現状を維持するための保存が必要となる。従来、公共図書館では保存と提供は対立する問題と考えており、保存を優先するために地域の歴史的資料を閲覧させないこともあった。これは、中小レポートで明記された「資料提供」理念とは決定的に異なるため、強く批判を浴びることとなった。このため公共図書館は、情報資源の保存に留意しながらどのような形で提供していくのかが大きな課題となっている。

　さて、地域資料の保存で問題となるのは、酸性紙による情報資源の腐食であろう。1970年代、それほど年代が経っていない情報資源が次々と崩れていく酸性紙の腐食現象が大きな問題になった。これは紙の製造過程で投入される製紙用薬品に硫酸アルミニウム（にじみ防止の定着剤）が使われていたことが原因である。20世紀になり、洋紙の原料が植物から木材を化学処理したパルプに変わると、硫酸アルミニウムは安価で定着剤効果が高いことから製造過程で使用された。この物質は水分と化学反応を起こし、硫酸を発生させる性質をもつ。酸性紙内においても硫酸アルミニウムと紙の中の水分が次々に結びつき、数十年かけて紙の乾燥が進み、堅く脆くなったのである。

　この対策として、アルカリ性の水溶液を一枚一枚吹きつけて中和し、紙の中の化学反応を抑える脱酸処理法が考案されている。ただし、これは大変手間のかかる作業であり、中小規模の公共図書館ではあまり現実的とはいえない。

　酸性紙の情報資源はいずれ劣化して崩壊する。現段階では内容が判読できるうちにデジタル化を進め、データとして保存しておくのが現実的であろう。

4.2 保護紙による保存法

　情報資源の劣化要因は、酸性紙のほか日光（紫外線）、温度や湿度、カビ、虫や小動物、火災、水濡れ、人為的な破損などさまざまである（図5.4）。こうし

第5章　地域と行政の情報資源

図5.4　水濡れとカビにより劣化した情報資源
（出所）津島市立図書館所蔵。

た劣化を遅らせる一般的な保存法は、保護紙に入れて保管することである。保護紙とは保存性のある中性紙（良質の化学パルプ製品）のことで、封筒・箱などさまざまな形状で販売されている。以下、情報資源の種別に保護紙の形態を紹介する。

① 貴重書

　貴重書については、情報資源の形状に合わせた保存箱を一点ずつ作成して保存するのが望ましい。ただし、予算の都合により保存封筒に入れて保管しても問題はない。その際は貴重書が折れ曲がらないよう留意する。

99

② 一枚ものの情報資源

　一点ずつ保存封筒に入れる。種類が同じであれば保存封筒をまとめて一緒の
フォルダーや保存箱などに入れる。

③ 大きな一枚ものの情報資源

　できるだけ折りたたむことを避け、図面用の引き出しに平らにして保管する。
このほか、丸筒や特注の保存箱に収納する。

④ 新聞、雑誌

　新聞は一般的に酸性紙であり、不純物を含むなど紙質も良くないため長期保
存は難しい。一点ずつ保存封筒に入れ、それらをフォルダーや保存箱で一緒に
管理するのが望ましい。ただし、劣化は避けられないため、できるだけ早期に
デジタル保存するのが一般的である。

⑤ パンフレット、広告

　複数枚ごとに大きさを揃え、質の悪いものは隔離して保存封筒に入れる。大
きさの異なる情報資源は、封筒に入れてから保存箱に一括して収納するとよい。

4.3　地域資料のデジタル化

　地域資料をデジタル化するメリットは、貴重資料をデータとして保存し、い
つでも利用に供することのできる点、つまり保存と利用が両立可能となること
である。また、巨大な一枚物の地図についても、デジタルデータなら全体像の
俯瞰や部分詳細の閲覧が容易であり、閲覧の利便性の向上に役立つ。近年、こ
うした地域資料、とりわけ貴重資料のデジタル化は、各地の図書館で進められ
つつあり、外部への公開に伴って調査研究に大きく貢献している。

　ところで、デジタル化を進める図書館の大半は、デジタル化作業や公開シス
テムの制作を外部に発注するため、進捗状況は予算規模と比例することとなる。
また、館員の専門知識不足により業者との意思疎通を欠き、利用しやすい設定
への変更や操作方法など、詳細部分の打ち合わせがうまくいかないこともある。

　一方、大阪市立図書館のホームページ「図書館からのお知らせ：2017/02/23、
図書館所蔵の昔の写真・絵はがき等画像をオープンデータ化」（http://www.

oml.city.osaka.lg.jp/index.php?key=jojeh77qp-510#_510, 参照2017.12.23）によれば、
同館では1996年より著作権が消滅した貴重資料のデジタル化を開始し、2001年
からはインターネットでの一般公開を実施した。その後も地道なデジタル化を
継続し、2017年には累計で約２万8000点を数えたという。同年、地域資料のデ
ジタルアーカイブ事業を積極的に推進するため、公共図書館では初となる「公
共データの民間開放（商用利用や二次利用可能なオープンデータ）の推進」を実施
した。これにより、地域社会の課題解決（防災・減災、交通、インフラ等）、地域
振興（観光）などさまざまな面からの利活用が期待されている。

　こうしたデジタル化事業については、『ゼロからはじめるデジタル化：小規
模図書館でもできる（調査研究チーム報告書)』[4]が参考になろう。自館のもつ写
真・絵はがき・古文書・古地図などについて、デジタル化の方法、著作権処理、
データの管理、公開などを事例に基づいて紹介している。

　今後、他の公共図書館でも図書館員自身で情報資源のデジタル化とその方法
を学び、館員で共有し、継続的に進めていく必要があろう。また、公開方法に
ついても独自で学び発信していくか、あるいは業者と細部まで打ち合わせをし
ながらつくり上げることで、利用しやすいデジタルアーカイブを図書館が主導
して進めることが求められている。

4.4　地域資料の課題

　一般の公共図書館では、図書の書誌情報を作成する際、書誌データである
MARC に依存する場合が大半である。とりわけ TRC MARC については、
「TRC 図書館流通センター」（https://www.trc.co.jp/solution/marc.html, 参照
2017.12.23）によると2017年６月時点で約360万件のデータが蓄積されており、
全国の公共図書館の約89％におよぶ2898館がこれを利用しているという。こう
した TRC MARC の普及と一元化により、公共図書館では一般資料の組織化が

4）北海道図書館振興協議会調査研究チーム編『ゼロからはじめるデジタル化：小規模図書館で
もできる（調査研究チーム報告書)』北海道図書館振興協議会, 2015, 49p. https://www.
library.pref.hokkaido.jp/web/relation/hts/qulnh00000000ew3-att/vmlvna0000000lza.pdf（参
照2017.12.23）

迅速に進められ、目録に関する専門知識がなくても事務処理が可能となった。

　ただし、非市販資料であり多様な形態を伴う地域資料については書誌データが存在しない場合も多く、これを組織化するには目録に関する知識が必要となる。館員は地域資料の種別にとらわれることなく件名やキーワードの記入を工夫し、できれば抄録、解題などの書誌データも付すことが望ましい。情報検索の精度向上などに役立つからである。こうして作成された書誌データは個々の資料内容の把握を容易にし、より多くの人の利活用につながるものと考えられる。

　なお、こうした仕事については、目録の知識や当該地域の状況などを習熟する専門司書がいなければ、円滑な進捗は望めない。自館で育成するか外部から採用するか、いずれにしてもその配置が求められよう。

第5章　地域と行政の情報資源

―■□コラム5□■―

地域資料としての社会科地域副読本

　近年、学校教育の中で地域の社会的事象を学ぶ「地域学習」がその教科書「社会科地域副読本」を使って実施されるようになって久しい。とりわけ副読本は、生活や郷土愛を育むために役立つ地域資料を中心に構成されており、副読本自体を重要な地域資料として受け入れる図書館も多い。

　実は、地域学習における副読本の歴史は古く、明治中期には全国各地で「郷土教育」として実施され始め、副読本も発行された。1883年に設立された大日本教育会は、郷土愛（祖国愛に通じる）と道徳観を育成するため、学校教育の中で郷土の地理・歴史・偉人の業績を学ぶ「郷土教育」を推進した。この方針をうけ、例えば愛知県海東郡教育会では、私設図書館を設立（1895）する傍ら、郷土読本『愛知県海東郡志』（海東郡教育会，1898）も発行している。この本の序文には「本書は尋常小学校及び高等小学校において、郷土の歴史や人物、ならびに地理を教授する目的をもって編纂した。これを尋常小学校に使用するときは授業時間を年80時間とし、高等小学校においては年40時間とする」と具体的に定め、教科書の一つとした。こうした郷土教育や郷土読本は昭和初期まで全国的に見られるため、地域資料としてはもちろんのこと、教育資料としても収集する意義は大きい。

　第二次世界大戦後、1950年代より社会科教員が中心となり、道徳観を排除し実践的教育としての郷土教育を再び開始した。この運動は1960年代末までに衰退したが、多分野から俯瞰した「郷土資料集」を発行した地域も多い。これも当時の重要な地域資料として収集すべきであろう。

　1970年代からは各市町村の教育委員会が「社会科地域副読本」の発行を開始した。これが現在活発に行われている地域学習と副読本へ発展する。なお、副読本は状況に応じて数年ごとに改訂されるため、図書館としてはその都度収集する必要がある。

（園田俊介）

| 第6章 | 学術研究のための情報資源 |

1 図書館における学術情報資源のありかた

　図書館における学術情報資源のありかたは、コンピュータ技術とインターネットの普及によって大きく変化し、2000年以降は人工知能（Artificial Intelligence：AI）の進展による変化が影響してきた。学術図書館としての大学図書館、一部の専門図書館では、その変化は急激で大きく、図書館員はそれを理解し、可能な対応を続けている。

　ひとつは、紙媒体から多種多様な媒体へのメディアの拡張で、学術図書館以外においても、変化は同様である。伝統的なメディアの図書や雑誌は、出版社が編集して刊行するもの、形のある物体であった。図書館は、形のある情報資源に対して、選択（選書）、収集、組織化（整理）、保存、提供（利用）の機能を果たすべく、専門の技術を開発してきた。

　紙媒体が生き延びる一方、インターネットで配信されるデータ、ファイルなども、図書館情報資源となった。紙媒体からの変化により、まったく印刷されず消滅していく場合もあれば、内容（コンテンツ）を引き継ぎつつ異なる媒体で制作される場合もある。最初から紙媒体が存在しない情報資源も制作される。

　図書館は、物品としての紙媒体の管理に加えて、さまざまな情報を管理することになった。後者は、前者とは質的に大きく異なるものであり、新しい技術を必要とする。

　もうひとつの変化は、インターネットでの情報資源の配信に図書館が関わってきたことで、学術図書館では情報発信の機能が必須となっている。情報資源の受信側として、つくられたものを扱うだけであったが、情報資源の発信側と

第6章　学術研究のための情報資源

しての図書館の役割が期待されている。

　これまでも図書館からの情報発信はあったが、これからは、従来、専業の出版社が行ってきたレベルの、きちんとした学術情報資源の制作と、技術の進展に合致した情報資源の発信が必要である。一部の大学に存在する「大学出版会」の機能が、多かれ少なかれ、学術図書館に求められる。

② 学術情報とは何か

2.1 学術情報の範囲

　図書館ではたらく人にとって、学術情報資源についての知識は必須である。必須ではあるが、整理して理解することは難しい。それは「学術情報とは何か」を、いつでもどこでも通用するように定義することが難しいからである。

　ひとまず、学術情報とは「専門情報の一部であり、研究者や学者が創作した情報」としておく。

　たとえば、日本酒についての専門情報、学術情報とは、何であろうか？

　日本酒の製造方法、よい酒を扱っている店の情報、飲み方と保存方法、酒に合う料理の作り方、飲み過ぎたときの治療方法、さまざまな側面が考えられる（こうした側面は、件名標目表をシソーラスとして使って調べるとよい）。

　「さまざまな側面からの専門情報が存在する」ことはイメージできるが、「そのすべてが学術情報ではない」ことも、容易にわかるだろう。

　日本酒についての学術情報は、側面のひとつである「日本酒の製造過程」に注目すれば、「発酵」に関する学術情報を頭に浮かべることができる。また「日本酒を飲んで得られる効能」、すなわち「薬」としての学術情報もあるだろう。さらに「人の身体と精神に及ぼす影響」に注目すれば、例えば「宗教と酒」の関連についての学術情報がある。

　これらはそれぞれ、「農学」「薬学」「宗教学」あるいは「民族学」という学術分野の学術情報である。

105

日本におけるさまざまな学術分野を理解する場合に、日本学術振興会の科学研究費助成事業（科研費）で用いる『審査区分表』が役に立つ。大・中・小の区分に分けられた学術分野が、網羅的に示されている。

　学術情報は、こうした学術分野に所属する学者・研究者が、同じコミュニティ（学会など）で切磋琢磨する同業者に向けて、創作した情報である。それらは通常、学会誌へ投稿される学術論文や書き下ろしの学術書のように、未発表の内容を含む一次情報として、世の中に発表される。そして研究者としての評価は、研究成果の発表内容、すなわち論文によってなされる。また、そのコミュニティで、「これから同業者になろうとする入門者に向けて、研究者が書いたもの」も学術情報と呼んでよいだろう。その分野の解説書（ガイドブック・ハンドブック）や、教科書（テキストブック）である。

　一方、研究者が書いたものでも、一般市民や子ども向けの読み物は、学術情報ではない。作者の研究対象に取り組む態度や、書かれた文章が学術論文に匹敵する出来栄えであっても、学術情報とはみなされない場合がある。作者の所属する学会が学術団体として公的に認められていない場合や、そもそも学会に所属していない場合である。

　「学術団体として公的に認められる」とは、具体的には「日本学術会議が認めた協力学術研究団体であるかどうか」である。協力学術研究団体は、2018年３月２日現在で2019学会あり、ウェブサイト『学会名鑑』（https://gakkai.jst.go.jp/gakkai/, 参照2018.5.30）に掲載されている。学会が公的に認められるための重要な条件の一つは、査読論文を収録する「学会誌を発信しているかどうか」ということである。査読とは、新しく創作された論文が、学会誌へ投稿されたときに、同業の研究者（専門家）が内容を評価、検証することである。査読論文をピア・レビュー（peer review）というが、ピア、すなわち同僚・仲間によるこうした活動は、学問を支える基礎的なものであり、その学会が展開する研究の信頼性を保証し、発展に寄与するものである。

　新しい研究分野を切り拓く活動は、公的に認められた学会の周辺からはじまるだろう。しかし学会というコミュニティをつくらない分野の情報は、学術情

報として扱われない。料理の図書は、それが同業者や入門者に向けて書かれたものだとしても、学会がない段階では、学術書ではなく、専門書、あるいは実用書と分類され、取り扱われる。

2.2 学術情報の特徴

　学術情報の中核は、専門家向けの情報である。紙媒体の商業出版の市場が縮小する中で、売上部数が限られる学術情報資源は、紙の図書や雑誌による出版が困難になっている。

　それでも学術書は刊行されている。人文科学や社会科学では、一研究者あるいは同一テーマの研究者による研究の集大成や論文集が、研究上の区切りとして刊行される。助成金を得て研究を行った場合の報告や、所属機関などからの出版助成を元手とした自費出版に近い場合も少なくない。

　いずれにしても、出版点数がごく少数の学術書が、例外的に流行にのってしまって品切れとなり、古書市場で10倍以上の価格で取引される場合がある。増刷は、出版社としてもそれなりの売上の見込みがなければ着手できないため、刊行1年未満でも入手困難になる場合もある。

　自然科学分野においては、図書は、学術書とそれ以外の分別がしやすく、また学術書と学術雑誌は役割が異なっている。具体的には、自然科学分野には『現代思想』『ユリイカ』にあたる出版物は存在しない。また自然科学分野に含まれる医学の分野は、教科書の割合が多い。

　学術書に比べて、学術情報資源としての学術雑誌の地位は揺るぎない。学術雑誌は、特定の学術分野の論文、多くの場合は査読という審査を経た論文を掲載し、その分野の動向を伝えるものである。学術雑誌の版元は、学会、大学などの研究機関、商業出版社である。

　一般的には査読された論文が重要視されるが、分野によっては、査読つきの学術雑誌がない分野があったり、査読論文ではなくとも、例えば大学紀要などの論文を軽視しない分野もある。また論文を、原著論文とそれ以外に区別する場合があるが、これも分野によって扱いが異なる。

さらに学会誌からは、学問分野の研究の枠組みやマナーなどを読み取ることができる。わかりやすいところでは、過去の研究を引用するしかた、引用文献の記述方法などから、学会の違いをうかがい知ることができる。

　おおきな傾向からみると、自然科学、社会科学、人文科学の順に、先の方が論文の査読が厳密になされる。また先の方が、研究の先鞭性（先取権の確保）の主張、研究内容の速報性が重視される。

　速報性が重視される分野では、プレプリント（pre-print）が流通している。これは学術論文を刊行する前段階の原稿を、インターネット上のプレプリントサーバーへ投稿すれば、同業者とやりとりができる。プレプリントサーバーとして有名な『arXiv（アーカイブ）』は、インターネットの普及以前から、電話回線を使って、世界の高エネルギー物理学分野の研究者たちが研究成果をいち早く公表するために利用されてきた。

　学術雑誌も、紙媒体から電子媒体へ移行が進んでいる。それを電子ジャーナル、電子雑誌（E-Journal, Electronic Journal, Online Journal）と呼ぶ。紙媒体での刊行を中止して、電子ジャーナルのみの刊行となった学術雑誌も多い。図書館が紙媒体でコレクションしてきた場合で、紙媒体が入手可能となり、購読媒体を電子ジャーナルのみに切り替える学術図書館も少なくない。これには後述する価格の問題や、保存スペース不足などが関係する場合も多い。

　学術情報資源を扱う図書館では、論文単位で学術情報資源を発見、識別、入手する方法を確保しなければならない。その際に役立つ情報資源が論文データベースである。人文科学、社会科学、自然科学、生活科学いずれの分野においても、必須のツールである。ほとんどの大学図書館では、その大学の研究・教育分野の論文検索ができる、複数のオンラインデータベースを導入して、利用に供している。

第6章　学術研究のための情報資源

③　学術情報をどう扱うか

3.1　大学図書館

　学術情報を扱う図書館は、館種別にいえば、第一に大学図書館である。大学には少なくともひとつの専門学部があり、教授や研究員による研究と、学生への教育が行われている。

　大学図書館には、学部が行う研究や教育に必要な情報資源を備えておく使命がある。「何が必要な情報で、何が必要でないか」を見極めるには、その分野の知識をもつ図書館員が正しく配置されるべきで、北米の大学図書館ではサブジェクトライブラリアン（主題専門員）という役割が、それを担っている。

　日本の大学図書館で、サブジェクトライブラリアンという肩書きのスタッフを正式に配置しているのは、金沢工業大学と一橋大学の2館のみである。その他の大学図書館では、サブジェクトライブラリアンが制度として確立しておらず、何らかの方法で採用された大学職員が専門分野の学術情報を扱っている。

　しかしながら、必要に応じて専門の知識と技術を持つ職員を配置する例や、現場での自己研鑽によって実現する例、あるいは偶然の人事異動によって専門家が配置される場合もある。逆に、図書の選択は教員のみが行い、図書館員が選書しない大学図書館の例もある。

　サブジェクトライブラリアンが不在の大学図書館で学術書の選書を行う場合、カリキュラムを分析して講義や演習の内容を理解することを通して、コレクションを構築する知識を獲得する方法がある。

　教員が選書する割合が高い場合は、特定の分野にコレクションが集中しないよう注意する。研究に利用した情報資源の書庫、すなわち使わなくなった図書や雑誌の保存庫のようになると、ブラウジングの機能が十分に活かせないため、これにも注意が必要である。

　また学術情報資源の管理を考えると、従来のモノとして取り扱うことができる図書や雑誌は、多くの図書館が導入するパッケージ型の図書館システムで管

109

理が可能である。しかし、電子書籍、電子ジャーナル、さらにデータベースなどのネットワーク情報資源の管理は、今後の課題である。スタッフの体制が十分でない場合もある。伝統的な業務区分には、図書担当、雑誌担当があるが、電子ブックや電子ジャーナルはどこが担当するのか、データベースはどこか、扱い方の異なる情報資源を分担して管理するために、さらなるしくみをつくり出す必要がある。

3.2　公立図書館

「学術情報資源を公立図書館でどう扱うか」は、基本的には「それぞれの図書館が決める」でよい。館種によって取り扱う情報資源の範囲を、あらかじめ定める必要はない。本気で取り組むのであれば、大学図書館と同じことをするだけである。

公立図書館は、利用者としてのターゲットを、特定の学問分野の研究者や学生に絞ってはいない。したがって、学術情報は、学術書・専門書から一般書へのグラデーションの中で取り扱えばよい。地域の特色などを踏まえ、自館の利用者の生涯学習という観点から、取り扱う学術情報の方向性を決めることになる。

ある市町村がトマトの産地である場合、学術情報としては、例えばトマトに関する作物病理学を主題にした先端研究の学術論文や学術書が、最も専門的な情報資源の一例である。そして、農業技術の専門書から一般向けの「トマトの育て方」の実用書まで、専門度の濃淡（精粗）によって、グラデーションがつけられる。

他の分野（職業）も、必要な利用者がいればもちろん、地域の特性を考慮して、積極的なコレクションづくりに取り組むべき場合がある。大学図書館が収集する範囲の情報資源としても、前述のように、学術書の入手がますます難しくなってきているからである。

第6章　学術研究のための情報資源

④　図書館からの発信

4.1　デジタル化された学術情報

コンピュータ技術の進歩により、情報資源の複製技術に新しい局面が訪れた。デジタル化の技術である。コストが低くなり、学術情報資源に恩恵をもたらす２つの側面から考えてみよう。

ひとつは、学術研究の対象となる歴史的なコレクション、わかりやすい例では、国宝に指定されている古い絵巻などを、デジタル化する作業である。現物１点しかない貴重な情報資源を利用する場合、一般的には、それなりの利用条件を満たさなければならない。そこで、より手軽に閲覧できるように、複製が作られてきた。紙質まで再現を試みて現物原寸通りの複製から、高精細の写真による複製まで、紙媒体として、あるいは、写真の場合はマイクロフィルムとして複製が作られてきた。複製を利用すれば、現物は劣化や損傷を避けることができる。

複製の図書やマイクロフィルムに比べて、デジタル化された情報資源の利点は、多くの人が同時に、最も手近なデバイスで、時間と場所の関係なく閲覧できることである。デジタルの複製で物体の質感を再現することは、安価な方法では無理であるが、表面に描かれた文字や図、絵などは、読み取りに十分利用できるし、拡大縮小が自由であることも、活用しやすい利点である。

国立公文書館、国文学研究資料館はじめ、美術館、博物館を含めた国内外のデジタルアーカイブの多くで、インターネットを通じて複製が利用できる。

もうひとつは、貴重なコレクションに限定せず、所蔵するコレクション全体を可能な限りデジタル化するという作業である。図書館の蔵書は、貴重書のみならず、すべてが人類の財産であり、デジタル化が実現すれば、時間や場所は関係なく、利用できるようになる。デジタルデータに対して文字や画像を読み取る技術が進展すれば、検索にも活用できる。

これには、国立国会図書館の資料デジタル化や、グーグルブックス図書館プ

111

ロジェクト、ハーティトラスト（HathiTrust）などがある。国立国会図書館の事業では、合理的でスムーズに著作権処理を行えるように、数度にわたる著作権法改正が行われたほか、利害関係がある業界の団体等との協議も進めている。2004年に発表されたグーグルブックス図書館プロジェクト（当時は Google Print）は、「世界中の情報を整理し、世界中の人々がアクセスできて使えるようにする」という使命をもつグーグル社が、これまでに出版された図書に含まれる情報を検索するための事業である。著作権の問題から、出版社や作家団体との裁判に発展したが、フェアユースの範囲内と判断された。ハーティトラストは、グーグルブックス図書館プロジェクトに参加した複数のアメリカの大学図書館が、それぞれが得たデジタル複製データを共同で運用しており、日本からは、慶應義塾大学の対象コレクション（著作権保護期間が終了した情報資源）が含まれている。

4.2　シリアルズクライシス

シリアルズクライシス（serials crisis）とは、直訳すると「逐次刊行物の危機」で、学術雑誌の価格が年々上昇することにより、図書館が購読できなくなり、すなわち学術情報の提供ができなくなるという危機である。

とくに STM と呼ばれる、科学（science）、技術（technology）、医療（medicine）の分野が顕著で、評価の高い学術雑誌を発行している商業出版社が、もともと狭い領域の研究であるため独占的な地位を得ていたことと、20世紀後半の学術研究の世界的な広がり、さらに印刷冊子から電子ジャーナルへの移行、およびシステム開発・維持の投資といった要因も加わっている。日本では、これに加えて為替の影響（通貨安、円安）も小さくない。

こうした危機は、個々の図書館がそれぞれ対応できる範囲を超えており、日本の大学図書館は「大学図書館コンソーシアム連合」（Japan Alliance of University Library Consortia for E-Resources：JUSTICE）を設立し、コンソーシアムに参画した図書館が共同購入によるメリットを得られるよう、出版社との契約交渉を毎年行っている。

第 6 章　学術研究のための情報資源

次に学術雑誌の評価基準である、インパクトファクター（impact factor）について概観する。

インパクトファクターは、クラリベイト・アナリティクス社の『Journal Citation Reports（JCR)』が最も有力である。これは、1964年に刊行された、ユージン・ガーフィールド（Eugene Eli Garfield, 1925 -2017）の着想による最初の引用文献索引『Science Citation Index（SCI)』の流れをくむものであり、長いあいだ独占的な地位を占めている。

JCR のインパクトファクターは、過去 2 年間（2014〜2015年）に掲載された論文に対する、測定年（2016年）の引用の比率を表すもので、具体的には、2014年と2015年に掲載された論文が、2016年に引用された回数をカウントした場合の「引用回数÷ 2 年分の論文数」の値、すなわち、1 論文当たりの引用回数である。これは、ある学術雑誌が他の学術雑誌に及ぼす相対的な影響度を示す指標となる。この観点は、グーグル検索におけるページランク（page rank）の方法にも受け継がれている。

インターネットの普及が進んだ2000年以降、JCR 以外の引用文献索引や、それに基づいたインパクトファクターが製品化されている。さらに論文の電子ジャーナルによる閲覧が一般的になってからは、論文のダウンロード回数、インターネットにおける引用や言及（Facebook の「いいね」等）やリンク数などをカウントする「オルトメトリックス（altmetrics)」の手法にも注目が集まっているが、JCR のインパクトファクターの地位を脅かす、あるいはそれに取って代わる指標は、未だ出現していない。

4.3　オープンアクセスからオープンサイエンスへ

オープンアクセス（Open Access：OA）とは、学者、研究者の研究成果である学術論文を、インターネット上に公開して無料で閲覧できるようにする活動である。前述のシリアルズクライシスに対する反応として起こってきた。これには 2 つのパターンがある。

ひとつは、論文を読む側、すなわち利用者が無料で閲覧するために、論文の

113

作者側が出版の費用を、論文加工料（Article Processing Charge：APC）と呼ばれる投稿料や掲載料として支払う、という仕組みである。これは商業的な枠組みを維持しつつ、購読や契約に必要な費用を読者に負担させず、無料にするしくみをつくって運用される。

　もうひとつは、そもそも商業的な枠組みではなく、無料で提供するシステム（アーカイブ）によって公開する方法である。論文の作者自身のウェブサイトや、所属する組織（大学、研究機関など）が用意した機関リポジトリ等に蓄積される。機関リポジトリは、研究機関の知的生産物を電子的に扱うためのアーカイブ・システムである。また前述のプレプリントサーバーを分野別のリポジトリとして、論文の公開に使う例もある。

　前者をゴールドOAまたはゴールド・ロード、後者をグリーンOAまたはグリーン・ロードと呼ぶ。こうした形で公開される論文については、従来同様の査読を経ている場合と、査読が厳しくない場合や査読されていない場合などがあるため、その質については注意しなければならない。

　オープンアクセスは、研究成果である学術論文の無償公開であるが、オープンデータ（Open Data：OD）は、学術論文の創作過程における研究データ（中間生成物）の公開をも進める活動である。オープンデータは、論文のような一般的にわかりやすい形式のデータばかりではなく、多様なタイプを含むため、その方法について関連団体で協議が始まっている。

　オープンアクセスと、オープンデータの2つをまとめて、オープンサイエンスと呼ぶ。オープンサイエンスとは、「科学を開くこと」であるが、さまざまな科学研究の成果を、あらゆる人にアクセス可能とすることを目指す活動である。この活動を支援する組織として、1998年にアメリカで設立されたSPARC（Scholarly Publishing and Academic Resources Coalition）があり、日本でも2003年に「国際学術情報流通基盤整備事業（SPARC Japan）」がスタートしている。国立情報学研究所によるSPARC Japanは、「オープンアクセスの推進、学術情報流通の促進および情報発信力の強化に取り組み、学術コミュニケーションの変革を目指す」ことをうたっている。

第6章　学術研究のための情報資源

4.4　図書館が、なぜ学術情報を発信するのか

　学術図書館では、シリアルズクライシスを克服するため、オープンアクセス、そしてオープンサイエンスを推進する活動を進めている。なかでも図書館が学術情報を発信する、すなわち所属する機関のアーカイブの運営にたずさわる活動は、新しい図書館の機能として位置づけられ、日本では大学図書館の機関リポジトリが代表的なものである。先にも触れた日本の大学の機関リポジトリは、学術研究機関としての研究の成果品を公開する。

　これまで図書館が情報の発信をしてこなかったわけではない。図書館の理論や技術の研究、現場の取り組み・事例の発表、さまざまなパンフレット類、そして、インターネットが普及してからは図書館ウェブサイトが基本的な発信の拠点となった。

　図書館のウェブサイトでは、OPAC（公開された蔵書目録）、パスファインダー、リンク集、図書館からのニュースやお知らせ、サービス案内、そして自館でデジタル化した情報資源（貴重書など）を発信してきた。しかし、それらは当然ながら、すべて図書館の内側のものである。

　シリアルズクライシス以来の、日本の大学図書館による学術情報発信の主力は機関リポジトリによるもので、国立大学が学内サーバーから発信するしくみでスタートした。その後、クラウド技術によって機関リポジトリ環境を提供するサービスが主流になった。なかでも2012年に開始した「JAIRO Cloud」は、多くの大学図書館の機関リポジトリ運用をサポートしている。

　機関リポジトリによる情報発信の多くは、オリジナルの学術情報、すなわち一次資料の発信であり、一部の大学がもつ「大学出版会」つまり「出版社」に近い役割にまで発展する可能性がある。これは図書館の機能である、「収集・整理（組織化）・保存（蓄積）・提供」を超える変化をもたらす。外部で創作された情報資源を収集するだけでなく、情報資源を発信する側にも立つのである。

　同時に、メディアの変化も伴っている。従来の印刷出版という紙のメディアによる情報発信から、デジタルメディア、すなわち電子書籍、電子ジャーナル、データベースを、全世界へ発信するのである。デジタルメディアは、その知識

115

や取扱いの技術が今後も発展するため、未だ確立されていないメディアといえる。

　学術図書館の機能に、学術情報資源の発信という機能が追加されることにより、今後のサービスは変容してゆく。さらなる技術の進展により、利用者にとってよりよい図書館サービスが提供できることが期待される。

■□コラム6□■

学問の自由について考えよう

　大学に入学したての新入生に、図書館のオリエンテーションを行う大学図書館が多いが、通常は、利用案内的な説明が主になる。

　その後、学生は教養的な学問をへて専門の学問の世界を知ることとなる。その時期に、図書館では、再び彼ら彼女らに対してガイダンスを行うが、この段階でも「学術論文とは何か」を知らない学生が多い。

　「学術論文とは何か」を教えることは、学問の世界を教えることにつながっていて、なかなか理解できるように説明することが難しい。

　というのは、高等学校までは、国家が検定した教科書で教えてよいと決められた部分だけを勉強するわけで、学問の定説について学んできたにすぎないからである。

　学術論文は、その学問分野が進んできたのと同じ方向に新しい業績をつけ加えるばかりではない。異なる方向から、あるいは異なる方向へ向かう場合もあり、まったく逆の方向に向かう、すなわち正反対の事象が明らかにされる場合もある。さらにその学問分野の前提をゆるがすような論文もある。

　ある学問分野の教科書は、そこでの定説を解説することが主になっており、高等学校以前の教科書は、そうしたものを間違いのないものとして位置づけ、そこを起点に記述されている。

　大学の新入生が学術論文を理解できないのは、そうした学問の営みを学んでこないからであり、定説を疑う、ということがわからないからであろう。

　日本国憲法第23条に「学問の自由は、これを保障する」とある。

　学問の自由は、学問分野の前提を揺るがすどころではない。学問の自由の奥深さについて、考えてみてはいかがだろうか。

（山田　稔）

第7章	障害者サービスのための情報資源

　図書館の障害者サービスは、「障害者を対象としたサービス」ではない。『図書館の自由に関する宣言 (1979年改訂)』には、「すべての国民は、図書館利用に公平な権利をもっており、人種、信条、性別、年齢やそのおかれている条件等によっていかなる差別もあってはならない」とある[1]。特に、公共図書館はすべての人が利用できるものでなくてはならない。さまざまな理由で図書館を利用できない人がいるのなら、すべての人が利用できるサービスを提供していない図書館に問題がある。図書館利用の障害を自らの責任とし、さまざまな方法で図書館サービスを提供することが、障害者サービスなのである。

① 障害者サービスのための情報資源とは

　図書館利用の障害には、多様な原因がある。「読める形式での情報資源提供」は、その解決方法のひとつである。情報資源をそのままの形式では読めないという障害には、視点を変えれば、その人の読める形式のものを提供すればよいということになる。一般的な情報資源をそのまま利用することができない利用者には、その情報資源と同等の二次的な情報資源（原本の代わりとなるもの）を提供する。

　障害者サービスのための情報資源は、障害のある利用者のために作られた情報資源、原本を加工する形で読めるように製作された情報資源、原本を何らかの方法で読める形式に変換（複製）をしたものなど、情報資源による利用の障

---

1) 日本図書館協会「図書館の自由に関する宣言（1979改訂）」http://www.jla.or.jp/library/gudeline/tabid/232/Default.aspx（参照2017.9.30）より。

害をなくすように配慮されたすべてのものである。

　たとえば、視覚による認識に問題がある場合、活字の本を音声の情報資源に変換したものを提供すれば読書ができるかもしれない。このように「目が見えないので耳で読みたい」という場合には、原本を音声に変換した「耳で読める情報資源（録音資料）」を探す。

　障害者サービスのための情報資源を利用者に届けるためには、さまざまな知識が必要である。その情報資源はどこで入手できるのか、販売している場合には、どこでどうやって購入すればよいのかなど。図書館は、一般的な情報資源を決まった販売経路で入手しているが、録音資料や点訳資料などについては、その販売経路では入手できないものがほとんどである。

　実際には、音訳や点訳された情報資源は、全国の公共図書館・点字図書館から借り受けて、自館の利用者に貸し出すことが多い。一般的な情報資源でも、自館にないものは他館から借りるが、障害者サービスでは、全国的な範囲で相互貸借が行われている。公共図書館だけではなく、視聴覚障害者情報提供施設（点字図書館など）、大学図書館、ボランティア団体等が連携している相互貸借のネットワークもあり、全国の障害者サービスのための情報資源が、あたかも自館の情報資源のように提供できる一般的な情報資源の出版点数と比較すると、変換された障害者サービスのための情報資源の数は、十分なものではない。また、音訳や点訳には時間がかかるため、各館の所蔵点数は少ない。そこで、全国的に貸借できるしくみが構築された。

　障害者サービスのための情報資源の全国的な図書館間相互貸借を支えるものは、『国立国会図書館サーチ』（http://iss.ndl.go.jp, 参照2017.9.30）と『サピエ図書館』（https://www.sapie.or.jp, 参照2017.9.30）の２つの総合目録・データベースサイトである。

　国立国会図書館は、以前から全国で製作された点字・録音等の情報資源をまとめた「点字図書・録音図書全国総合目録（点録総合目録）」を製作してきた。現在、障害者サービスのための情報資源の検索をするには、この点録総合目録も含まれた『国立国会図書館サーチ』の「障害者向け資料検索」を利用すると

第 7 章　障害者サービスのための情報資源

よい。さらに、国立国会図書館に申請して、「視覚障害者等用データ送信サービスの送信承認館」になると、デイジー（Digital Accessible Information System：DAISY）や点字データなどを無料でダウンロードして利用することもできる。

　国立国会図書館は、障害者サービスを実施している各種図書館に対して、支援・協力事業も行っている。「学術文献録音図書の製作」もそのひとつで、全国の図書館や点字図書館では製作が困難な専門書等の学術文献の録音図書を製作している。完成までに時間はかかるが、学術文献の録音図書製作の技術をもたない図書館は、国立国会図書館に製作依頼をすることが、情報資源の提供のための貴重な手段となる。

　『サピエ図書館』は、日本点字図書館がシステム及び機器を管理し、全国視覚障害者情報提供施設協会（点字図書館の全国組織）が運営する、インターネット上の電子図書館である。視覚障害者等は、個人会員として無料で直接利用することができる。全国の視覚障害者情報提供施設や公共図書館、ボランティア団体、大学図書館などは、施設・団体会員として有料で会員登録をしている。会員となった図書館は、オンラインリクエスト（ネット上の簡単な貸出依頼）やコンテンツデータのダウンロード等の便利な機能も使える。なお、情報資源の詳細検索については、会員でなくても無料で利用でき、全国の情報資源の所蔵調査が可能である。登録館からは情報資源の製作開始情報と完成情報、コンテンツが直接更新されるため、利用者へ迅速に情報提供ができるようになっている。この 2 つのウェブサイトには、横断検索に近い機能もあるが、一部に違いもあるため、必ずどちらでも検索し、所蔵館から情報資源を取り寄せて、自館の利用者に提供する。

　さて、このような全国的な相互貸借システムを活用しても利用者の要求を満たすことができない場合は、どうすればよいのだろうか。2010年に施行された著作権法第37条第 3 項（以下「第37条第 3 項」）により、図書館は「視覚障害者その他視覚による表現の認識に障害のある者」に対して「当該視覚障害者等が利用するために必要な方式」で提供できるようになった。つまり、目で読むことで情報資源を認識できない利用者に対しては、著作権者の許諾を得ることな

119

しに利用者が読める形式に変換（製作）してもよいのである。

障害者サービスのための情報資源を製作している図書館は多いとは言えない。また、そのほとんどが図書館協力者またはボランティアの協力を得て、点訳や音訳（音声訳）を実施している。

特に音訳による製作は、印刷物を音声で表現することになるため難易度が高い。あくまでも原本の複製物として、文字部分だけではなく、表紙、図表、地図、写真なども、音声による説明で過不足なく伝えなくてはならない。視覚的に表現されたものを、聞いて理解できるものにするためには、音訳者の専門技術と経験が必要である。録音資料は、こういった音声化処理（図表等の読み方）や文章の読み方により、中身の印象が変わったり、内容理解に支障をきたすこともある。たとえば、沈んだ声で読めば暗いイメージになるし、意味のまとまりと関係ないところで息継ぎ（間）をとってしまうだけで内容が理解しにくくなる。製作する際には資料の質の確保について十分留意しなくてはならない。

さらに、情報資源の製作を図書館協力者やボランティアに任せきりで、図書館員が一切関わらないような製作体制ではいけない。実際の作業は別として、情報資源の製作の最終的な責任は、図書館が負うべきものである。

なお、第37条第3項にもとづいて製作された情報資源は、障害者サービスの利用者（視覚障害者等）以外には提供することができないため、一般的な情報資源と同じように自由に貸出することはできない。情報資源の貸出対象をきちんと区分するような図書館の管理体制も求められている（ただし、障害者サービスの利用者が一般的な情報資源を利用する場合の制限はない）。

利用者が求める情報資源を入手できたとしても、障害者サービスはそこで終わりではない。利用者がそのメディアの再生環境を持っているかどうか、また、利用者は貸出手続きのために図書館に来られるのか、もし来られない場合は利用者にどう届けるか、そこまで手配をしなくてはならない。図書館情報資源は、利用者に提供できてはじめてその意味を成すものである。利用者の読書環境にまで踏み込んだ確認と配慮が必要である。

120

第7章　障害者サービスのための情報資源

② 読みかたによる情報資源の種類

　「読書」と聞いて思い浮かべるのは、紙の本を一枚一枚めくる姿だろうか。最近は電子書籍も多くなってきたが、その電子書籍においてでさえも、人はページをめくる動作に愛着を残したりする。しかし、「本を読む」というのは文字を目で追うことだけではない。読書は、さまざまな感覚を使って行うことができるのである。

2.1　触る情報資源（触読資料）

(1) 点字資料

　点字は、自身も視覚障害者だったフランス人のルイ・ブライユ（Louis Braille, 1809-1852）が考案したもので、縦3点×横2点の盛り上がった6つの点をひとマスとして構成される。視覚障害者が自ら読み書きできる文字として世界的によく知られている。

　日本の点字は、ルイ・ブライユの点字にヒントを得て石川倉次（1859-1944）が完成させたもので、図7.1のような6つの点の組み合わせで五十音（カナ）を表している。具体的には、①②④の点を組み合わせて母音を表し、③⑤⑥の点を組み合わせて子音を表す。五十音は、「あ」は①、「か」は①⑥のようにローマ字に似たつくりであることを理解すると覚えやすい。五十音以外の濁音、半濁音などは、ふたマス使って文字を表し、数字符、英字符もある。そのほか、分かち書き等の表記上の規則は、日本点字委員会が『日本点字表記法 2018年版』（日本点字委員会）を編集および発行をして、規則を定めている。

　点字が読める視覚障害者は全体の12.7％というデータもあり[2]、すべての視覚障害者が点字を読めるわけではない。指先の感覚で点をとらえるには鋭敏な

---

2) 厚生労働省社会・援護局障害保健福祉部企画課「平成18年身体障害児・者実態調査結果」http://www.dinf.ne.jp/doc/japanese/resource/handicap/H18_actual_condition_survey/surveysummary_2-2-1.html（参照2017.9.30）より。

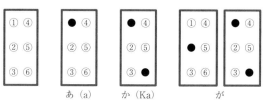

図7.1　点字

知覚が必要であり、中途視覚障害者が点字を指先で自在に読めるようになるのは難しい。先天的なものより病気や高齢での視覚障害者が多くなっていることもあって、点字を読めない視覚障害者は多い。また、多少は読めても時間がかかるため、読書には適さないという場合もある。とはいえ、録音資料のように、声の違いや読み方によるニュアンスが入ってこない、自分のペースで読めるなどの利点もあり、点字資料を優先して借りる視覚障害者もいる。また、数字など簡単なものであれば読める人もいるので、情報資源の装備には点字をつけるべきである。なお、点字に対して活字の文字を「墨字」と呼ぶので覚えておきたい。また、点字には「L点字」と呼ばれる大きな文字や、漢字を点字にした「漢点字」等もある。

　点字は、指先で読んでいるうちに文字がすり減ったり、保管時に押されて突起が薄くなったりすることもあったが、手打ちやタイプライターによる製作では、作り直すことは簡単ではなかった。しかし、現在はパソコンを使った点訳が主流になり、点字プリンターさえあれば、製作・保存した点訳データを印刷することが容易になった。そのように製作された点字本の装備は、リングやバインダーを使って製本し、タイトル等は点字と墨字を併記する。排架については、突起が押しつぶされないように置かなければならない。利用者は晴眼者（視覚に障害のない者）であっても構わないので、排架場所については制限されない。

　点字印刷したものだけではなく、点字データを情報資源として貸し出すこともある。点字データは、点字ピンディスプレイ（パソコンと接続して点字の情報を6つのピンの上げ下げで表示できる機械）などの機器で点字として読むほか、音

第7章　障害者サービスのための情報資源

声出力ソフトの入ったパソコンを使って音声で読み上げることができる。指先で点字が読めなくても「点字を音声として読む」ことが可能となる。

　点字の他の特長として、著作権者に許諾を得ることなく誰でも点訳をすることができる。貸出についても、第四種郵便物として無料で郵送できるので、来館できない利用者に郵送貸出することができる。

　点字の情報資源には、国や自治体の公的案内や企業のサービスなどを点訳したものが公共図書館などに送られてくるものがある。情報資源の受け入れの可否を判断した後、わかりやすい場所に置いて誰でも手にとれるようにしたり、サービスのPRにも活用したい。

　視覚障害者とのコミュニケーションの確保にも目を向ける必要がある。図書館員が指先で点字を読めるように習得することは難しいが、点字の対照表を見ながら五十音の文字を覚えたり簡単な点字を書くことは、1日あればできるようになる。情報資源を製本する際にはページの確認が必要であるし、情報資源の装備をすることもある。担当者は、利用者と点字の手紙のやりとりができるくらいになっておくことが望ましい。

1）点字図書

　点字図書は、おもに全国の点字図書館及び点字出版所により製作されている。公共図書館で点字図書を所蔵し、コーナーを設けているところもあるが、原本の数倍の量になるため、利用者が満足できるだけの点字図書を置ける十分なスペースを確保することは難しい。

　公共図書館で点字図書を要求された場合の一般的な流れは、つぎのとおりである。

・自館の情報資源であれば、そのまま利用者に貸し出す。

・自館になければ購入を検討する。ただし、点字図書の販売はきわめて少ない。出版情報を得るには、日本盲人社会福祉施設協議会点字出版部会『日本点字出版総合目録』編纂委員会編『日本点字出版総合目録』の最新版から得るか『サピエ図書館』の詳細検索画面で、目録種別を「出版」に変えて検索する。

・相互貸借で入手する場合は、『サピエ図書館』や『国立国会図書館サーチ』

を使って所蔵館を検索し、所蔵館へ貸出の依頼をして、点字印刷されたものを送ってもらい、利用者に貸し出す。点字データとして公開されているものがあれば、ダウンロード可能な図書館は点字データをダウンロードしてそのまま提供するか、点字プリンターで印刷して貸出すこともできる。利用者の希望によるが、ダウンロード方式は急ぎの場合や点字データのみが必要な場合に素早く対応できる。

・利用者の希望する情報資源がなかった場合、製作体制のある図書館は、新たに点訳資料を製作するかどうかを検討する。点訳・校正には時間がかかるが、できあがった情報資源を『サピエ図書館』や国立国会図書館に登録することにより、全国の障害者等が利用できるようになる。

2）点字新聞・雑誌

　視覚障害者の場合も一般利用者と同じく、新聞や雑誌への要望は高い。販売されている点字新聞には『点字毎日』（毎日新聞社）、雑誌には『点字ジャーナル』（東京ヘレン・ケラー協会）、『テルミ』（日本児童教育振興財団）などがあり、それぞれ長く愛好されている。図書館でも情報資源として購入することができる。

　原本の雑誌を点訳して製作する点字雑誌は、ほとんどが点字図書館により製作されている。『サピエ図書館』の地域・生活情報の「お知らせ」に点字雑誌・録音雑誌一覧のデータが掲載されている。同じく『サピエ図書館』の詳細検索で種別を逐次刊行物に指定し、直接検索することもできる。点字データがあるものは、紙に打ち出すことなくデータのまま利用されることもある。雑誌は原本からの点訳や音声訳に時間がかかるため、どうしても抜粋版が多くなる。早さと正確さが同時に求められ、製作の難しい情報資源である。

3）点字つき絵本・点訳絵本

　目の見える子も見えない子も楽しめる絵本として、絵の部分に隆起印刷や型抜きなどを使って、見る・触ることで読めるようにし、文字に点字をつけた絵本が出版されている。最近、ロングセラーとして親しまれてきた絵本が「てんじつきさわるえほん」「点字つき絵本」などとして出版されるようになってき

第7章　障害者サービスのための情報資源

た。これらは、文字以外の人物なども樹脂インクなどを使って触ってわかるように表現されている。絵の形を触って理解できるようにするためには、必ずしも元の線の形のままに浮き出させるのではなく、線同士がくっつきすぎないように修正するなどの工夫がされている。

　点訳絵本は、市販されている絵本の文章を点字シール（透明な塩化ビニールシート）に点訳し、原本の絵本に貼りつけたものをいう。絵の部分も同じように、シートで形を切り抜き触ってわかるようにしたものや、説明文を書き添えたものもある。見えない親が見える子どもに読み聞かせをする時や、見えない子が自分で本を読むきっかけとなるなど、見える人と見えない人が一緒に楽しめるように作られている。

　点訳絵本を製作している図書館はわずかである。大阪府の全盲の母、岩田美津子さんは、「わが子に絵本を読み聞かせたい」という願いから、1984年に「てんやく絵本ふれあい文庫」を開設し、ボランティアによる点訳絵本製作と全国の視覚障害者に無料での郵送による貸出サービスを行っている。図書館では団体貸出という形で利用することができる。

(2) 触る絵本

　触る絵本の定義は、「触感で理解し楽しむことができるかどうか」だが、さまざまなものがある。市販品は誰でも利用できるが、第37条第3項を適用して製作したものは、障害者サービス対象者（視覚障害者等）のみの利用となる。利用制限をかけたくない場合は、製作および貸出にあたって著作権者の許諾を得る必要がある。

1）布の絵本

　台布に、布・フェルト・ボタン・ひも・ファスナー・スナップ等を縫い付けて作成し、はずす・はめる・むすぶなど手指を動かして遊びながら感覚を養うことができるのが布の絵本である（図7.2）。幼い子でも楽しめ、布の持つあたたかみとやさしさが子どもたちを惹きつける。ストーリーがあるもの、ないもの、歌を基にしたものなど内容はさまざまで、文字はなく、親子のふれあいの

125

図7.2　布絵本
（出所）渡辺順子原作『いくつ？』より、原作者提供。

中で物語を作り出すものもある。

　「布の絵本」として市販されているものを購入して蔵書にしている図書館もあるが、多くは図書館で材料代を負担し、図書館ボランティア等に作成を依頼して手作りの作品を所蔵している。障害のある子のためにと製作が始まったものだが、利用対象を制限せずに貸出している図書館では障害の有無を問わず人気のある情報資源となっている。「ふきのとう文庫」は、布の絵本の製作セットと完成本を販売しており、図書館での購入が可能である。

2）市販の触る絵本

　触る絵本には、本に貼りつけられた布の手触り、質感の違いでつるつる、ざらざら、ふわふわなどを楽しめるものやしかけを触って遊べるものなどがある。「さわってあそぼう」「しかけえほん」などとして販売されている。

3）手製の触る絵本

　おもに視覚障害のある子ども（見えない、見えにくい子どもたち）が楽しめるようにと考えられ、さまざまな布、毛糸、プラスチック等、なるべく実物の理解につながるような手触りの材料を使って絵の部分の形を表現し、台紙に貼りつけたものが多い。学校などのボランティアによる製作が中心で、一点ものもある。文章は、活字と点字の両方で表されている。

(3) そのほかの触る情報資源

　おもに視覚障害者用の情報資源として、黒い部分が膨らむインクや立体コピー

機を使った触図資料などが製作されている。学校では３Ｄプリンターを使って立体模型を作ったり、図書館が地域に関係した地図などを製作していることもある。

2.2 録音資料

　図書館の障害者サービスの利用者で、最も多いのは視覚に障害のある人である。前述したように点字が読める視覚障害者は少ないので、利用者が使いやすいのは聴覚を使って読書する方法、つまり音声訳（録音）資料である。録音資料は、オープンリールからカセットテープの時代が長く続き、現在は音声デイジーが主流となっている。音声を記録しているメディアは時代とともに進化し変化しているので、メディアや再生機、再生用アプリケーションソフトウェアなどの情報には敏感でなければならない。録音資料の入手方法は、点字資料とほぼ同様である。

　購入または製作した情報資源の装備については、外側の郵送ケース・内部のCD等のケース・記録メディアに書名・著者名・時間等の必要な情報を墨字と共に、点字でも付与する。

(1) テープ図書

　カセットテープを使用したテープ図書は、長い間障害者のための録音資料として流通してきた。しかし、１巻が90分程度でA面B面を返さなくてはならない、１タイトル当たりの巻数が多くなる、読みたい場所を探して読めない、そのままにしておくと音が劣化するなどの問題があった。現在は、それらの問題を解消する音声デイジーがこれに代わってきているが、まだ高齢者などには新しい再生機を受け入れることができない人々もいる。情報資源の製作自体はデジタル録音の時代に入っているが、テープでなければ聞けないという利用者のために、デジタルの音声をアナログのテープ図書へ録音し直して貸出している例もある。とはいえ、録音用カセットデッキの販売が終了し、再生デッキも激減しているため、サービスの継続は難しい。テープ自体も日本では生産しておらず、質が低下している。カセットテープというメディアが終わろうとしている。

(2) デイジー

　一般的に使われている録音媒体がアナログからデジタルへと移行していた時代、1986年に東京で開催された IFLA（国際図書館連盟）の大会の専門家会議で、視覚障害者のためのデジタル録音図書の国際標準化が議論された。今後の録音記録の方式について、各国で別々に開発するのではなく、国際交換を保障する世界統一規格とすることが提案されて開発されたのがデイジー規格である。デイジー規格は50カ国以上の会員団体で構成されるデイジー・コンソーシアム（本部はスイス）によって、現在も開発と維持が行われている。

　デイジーは、CD などで貸出を行うことが多いため、この CD 本体をデイジーと勘違いしてしまうことがあるが、デイジーとは規格の名称であって、特定のメディアを示すものではない。

　当初、デイジーは音声のみを記録したものしかなかったので、録音資料をデイジーと呼んでいたが、その後マルチメディアデイジーが開発されたため、音声デイジー、マルチメディアデイジーとして区別されるようになった。現在は、テキストを構造化したテキストデイジーも含め 3 種類となっている。

1) 音声デイジー

　音声デイジーは圧縮された音声データで、1 枚の CD に50時間ほど記録できる。また、音声とともに目次や見出しの情報が記録されており、希望の章や節、ページにジャンプできる、自由にしおりをつけてそこにジャンプできるなど、カセットテープにはない利点が多々ある。カセットテープからデイジーに移行するまでに時間はかかったが、現在では CD に記録した音声デイジーが音声訳資料の貸出の中心である。貸出は CD だけではなく、USB メモリ、SD カードなどの各種メディアに書き込んで行なうこともできる。再生は専用の再生機（プレクストーク等）を使用するか、パソコンやタブレット端末、スマートフォンにアプリケーションソフトウェアをインストールして聞く方法もある。

　販売されている情報資源もあるが、利用者が望むようなものは少ない。とはいえ、著作権法上販売されている情報資源と同じものを図書館で新たに製作することはできないので、新規製作にあたっては注意が必要である。図書館の日

常業務では、他館から借受けして貸出することが多い。

２）録音雑誌

　点訳雑誌と同じく、利用者は最新の情報が掲載されたさまざまな雑誌を希望している。見えていたころに読んでいた雑誌をまた読みたいという利用者もいる。公共図書館などによる製作物もあるが、多くは点字図書館が製作したものである。点訳雑誌と同じく『サピエ図書館』の地域・生活情報の「お知らせ」に掲載されている「点訳雑誌・録音雑誌一覧」を検索して該当する情報資源を探し、借受けして提供する。しかしこれも時間的な制約から抜粋版が多い。情報資源の形式は音声デイジーを借受けるか、『サピエ図書館』でダウンロードして利用者に貸出する。CDによる貸出を行わずダウンロード版のみの雑誌も多く、サピエ会員でない図書館は、他の会員館に依頼して借りることになる。

３）シネマ・デイジー

　日本点字図書館等を中心に製作されているもので、映画の音声部分に視覚障害者用の音声解説を付けて、音声デイジーとして編集したものである。音声解説付きDVDと同様に「耳で観る映画」として人物の動作や表情、場面転換、情景の説明などが付与されイメージしやすい。音声デイジーとしてCD等で借受けるか、『サピエ図書館』でダウンロードする。映画が好きな視覚障害者は多く、人気が高い。

2.3　文字の大きさや配色に配慮した情報資源

　「視覚に障害がある」ということを単に「目が見えない」と受け取ってしまいがちだが、弱視・ロービジョン（low vision）の利用者も多い。また、高齢者も文字の大きい情報資源なら読むことができるため、活字の大きな情報資源やはっきり見えるように配慮された情報資源の需要は高い。ただし、「大きな活字」といっても、大きさやフォントなどの定義が定まっていないことや、人により見えやすい大きさやフォントが異なるため、実際に使われている文字の大きさはさまざまである。

(1) 大活字本

　大活字本は、文字を大きくし、ゴシック体などのはっきりしたフォントを使って弱視者等にも読みやすくした本である。専門に発行する出版社があり、大活字文化普及協会では22ポイントで発行している。また、活字を大きくするだけではなく、黒の背景に白抜き文字を使いまぶしくないようにした白黒反転本や、書籍をリング綴じにして開きやすく工夫された本もある。文字の大きさを選んで注文できるオンデマンドブックの販売を行っている出版社もある。大活字本は文字が大きいため分冊になっているものが多く、原本1冊分と比較すると価格は割高になる。

　高齢者には「大きい文字の本がどこにあるか」とよく聞かれる。図書館では利用者に便利なように大活字本コーナーを作っていることが多いが、反対に、あえて混配して、自分が読みたい本の文字の大きさを利用者が選べるようにしている図書館もある。

(2) 拡大写本

　弱視者の見え方は人それぞれで、文字は大きければいいというわけではない。読みやすい情報資源は、本来ならばひとりひとりの見え方に合わせて製作しなければならない。拡大写本はもともとそういった個人の要求から作成されたもので、1文字1文字フェルトペン等の手書きで作成されていた。現在はパソコン製作を行うところが多いが、単なる拡大コピーではなく、文字間・行間などに読みやすい配慮がされている。拡大写本を所蔵している図書館で、これらの活動を支えているのはボランティアが中心である。著作権処理の違いによって、一般に開架できるものと視覚障害者等の利用に限定されるものがある。

2.4　読みかたを選べる情報資源

(1) マルチメディアデイジー

　デイジー規格の情報資源は、音声とテキスト（文字）、画像、動画を同期して再生できるマルチメディアデイジーへと進化した。マルチメディアデイジー

第7章 障害者サービスのための情報資源

は、音声デイジーのメリットとともに、さまざまな障害者が利用できる機能を持っている。

ディスレクシア（dyslexia）を含む発達障害者、知的障害者、精神障害者、聴覚障害者など、多様な読みの困難を抱える利用者は、マルチメディアデイジーを使うことで自分が読みやすい方法を選択できる。すなわち、音声については、肉声か合成音声か、早さや読み上げの有無、画像については、テキストの縦横、大きさ、行間、背景色、カラーコントラスト等の見え方、ハイライトの有無や色、点字による表示の有無などである。読み上げている部分の文字が同期してハイライトされる機能はどこを読んでいるかがわかり、理解しやすい。今後は、手話の動画を入れたものも期待されている。

マルチメディアデイジーの購入および入手方法は、以下のとおりである。

① 『ENJOY DAISY』（http://www.dinf.ne.jp/doc/daisy, 参照2017.9.30）では、著作権上の制限のないものも含めて無償あるいは実費程度での頒布を行っている。

② 伊藤忠記念財団はマルチメディアデイジーの児童書『わいわい文庫』を、全国の学校（特別支援教育）、図書館、医療機関等へ無償で提供。著作権処理済の版もある。

③ 著作権法第37条第3項で製作されているものは、『国立国会図書館サーチ』や『サピエ図書館』で検索し、情報資源を入手する。

再生には、パソコン、タブレット端末、スマートフォンなどに必要なアプリケーションソフトウェアをインストールして使う（無料と有料のものがある）。

製作には専門技能が必要で、音声デイジーにくらべても手間がかかるので、全体としてのコンテンツの数が足りない。マルチメディアデイジー（図7.3）は、これまで図書館がほとんどサービスをすることができなかった障害者にも有効で、大きな可能性を持っている。しかし、実際にはまだまだその存在が関係者に知られておらず、「読みの困難さ」を抱えた利用者に届いていない。著作権処理済で誰にでも貸出できる情報資源もあるので、この情報資源の有用性をもっと一般社会に向けて発信していく必要がある。

図7.3 マルチメディアデイジーの再生画面
(出所) 日本障害者リハビリテーション協会「リハ協ブログ2015/12/31」http://www.jsrpd-blog.org/blog-date-201512.html, (参照2017. 10.19) より提供.

(2) テキストデータ

　文字列にスタイル情報（書体・文字サイズなどの装飾）をつけず、どんなパソコンでもテキストエディタで開ける文字データがテキストデータである。

　この文字データは、どんな OS でも開くことができ、さまざまな使い方が可能である。たとえば、文字列による検索、音声パソコンを使って合成音声での読み上げ、文字の大きさを変える、自動点訳ソフトを使って点訳するなどである。利用者自身が加工や編集する場合も一番利用しやすい。

　パソコンをよく使う利用者は、図書館からサービスを受けることなく、自らデータ化（いわゆる「自炊」）して、読書に利用してきた。いくつかの出版社では、書籍を買った人に希望によりテキストデータを提供しているところもあるが、一般に販売はあまりされていない。欧米では早くから障害者等への利用が認められていたが、日本では2010年の改正著作権法施行からのサービスとなり、コンテンツ数は音声データ等と比較するとはるかに少なく、製作をしている図書館数もわずかである。

　製作は、原本をスキャナで PDF ファイル（画像）として取り込み、それを

第7章　障害者サービスのための情報資源

OCR ソフトにかけてテキストデータに変換し、誤字を校正して製作する。OCR ソフトで画像を完璧にテキストファイルに変換することは困難なので、校正は欠かせないが、読み取り精度や機械読みの性能が上がってきているため、とにかく少しでも早く読みたいという利用者の希望を叶えるのには適している。また、音声訳の声による癖などを嫌う利用者も好んで利用する。ただし、図や表など部分については説明する文章を作成する必要があり、点訳者や音訳者の技術が活用されている。

　以前は、原本を裁断してスキャナで読み込む方式が主流だったが（いわゆる「破壊型」で読み取り精度が上がる）、現在は本を裁断せずにそのままページごとに読み込む方法も取られるようになった。これは、貴重書等の情報資源で裁断することができない事例や、専用のカメラやページめくり機能のある機種が出てきたことにもよる。

　国立国会図書館の「視覚障害者等用データ送信サービス」では、一般的なデータ形式のプレーンテキスト（plain text）を提供しているほか、大学図書館でテキストデータの製作に取り組み、障害のある学生への支援を始めた例もある。今後図書館界全体としてネットワークを構築し、情報資源の提供ができるようになっていくことが望まれる。

(3) テキストデイジー

　テキストデイジーは、テキストデータを構造化しデイジー編集をしたものである。画像ファイルが含まれることはあるが音声は含まない。利用者はテキストデイジーに対応したデイジー再生機、パソコンのアプリケーションソフトウェアなどを使い、合成音声で読み上げたものを聞いたり、文字の大きさに変える、画面の配色を変えるなど、読みたい方法を選んで使用することができる。デイジー形式のため、見出しやページでジャンプすることができるので、利用者の使い勝手がよい。読み上げている箇所をハイライト表示させることができるものもある。これもまだ音声デイジーより数は少ないが、日本点字図書館などが積極的に取り組み、『サピエ図書館』でダウンロード可能なコンテンツが

133

増えている。

⑷ 字幕・手話・音声解説つき映像資料

カセット方式のビデオテープではできなかったことであるが、DVD が映像資料の中心を占めるようになり、多種類のトラックから希望の方式を選べるようになったことで、「読みたい方法」を選ぶのと同じように「観たい方法」を選べるようになった。一般利用者が自分のわからない言語を字幕や吹き替えにするのと同じく、聴覚障害者は字幕、視覚障害者は音声での解説付きを選択することで映像を楽しむことができる。市販されているものも増えており、図書館での購入ができるものも販売リストに掲載されている。これらは積極的に収集するようにしていきたい。購入にあたっては著作権上の許諾を確認して扱う。上映権つきのものがあれば、「バリアフリー映画会」などを企画することもできる。

⑸ 電子書籍

電子書籍は、文字の大きさを変えられる、色を変えられる、読みたいところの頭出しができる、合成音声で再生できる等の便利な機能があり、図書館まで行かなくても利用できるため、障害者への情報提供にとても大きな意味をもっている。

しかし、現状では、障害者がストレスなく電子書籍を利用できるとはいえない。とくに図書館では電子書籍の貸出の大半はベンダーとの契約事項になり、その貸出システムを使わざるを得ないため、障害者にも対応できるものとして電子書籍を取り入れたつもりが、実際の利用者にまで結びついていない状況がある。今後の開発では、障害者が本当にアクセスできるものに進化していくことが期待される。導入のときには、障害のある利用者が使えるものであるかどうかを、当事者を含めて検証した上で契約する必要があるだろう。

2.5 やさしくわかりやすい情報資源

　情報や知識を得ることはすべての人の基本的人権である。「読んで理解する」ことが難しい人も、自分たちのわかりやすい方式で読書する権利を有している。2010年の改正著作権法では、自閉症やディスレクシアを含む発達障害、知的障害などの人たちのために、公共図書館などで必要とする幅広い方式での複製等をおこなうことが認められるようになった。これにより、図書館にある活字の情報資源が理解できない、読めても内容がわからないという人たちに図書館を利用してもらえる可能性は大きく広がった。しかし、やさしくわかりやすい情報資源の出版点数は少なく、蔵書数もなかなか増えていかない。図書館が情報資源の変換のノウハウを持っていないため製作もできていないのが現状で、図書館からのやさしくわかりやすい情報資源の提供はこれからである。日本障害者リハビリテーション協会は、図書館を支援するために『図書館等のためのわかりやすい資料提供ガイドライン』(日本障害者リハビリテーション協会，2017)を発行している。

(1) LL ブック

　LL ブックの LL とは、スウェーデン語の Lättläst（わかりやすくて読みやすい）の略語で日本では「やさしく読める本」として紹介されている。英語圏では"easy to read" であるが、読むことに困難を抱える知的障害や発達障害、失語症、ディスレクシアの人などで一般的な出版物は難しくて読めない利用者に提供できる。やさしく書かれているからといっても、子ども向けのものということではなく、年齢に応じた興味やニーズを意識したものでなければならない。

　LL ブックはとくに作り方が定められているわけではないが、活字の本が理解しにくかったり、日本語が得意でない人などでもわかりやすいように、図や写真、ピクトグラム（pictogram）などを添え、言葉や言い回しなどを工夫するなどの配慮がされている（図7.4）。文字を一切使わず、「見てわかる」ようにしたものもある。これらは、当事者の意見なども取り入れながら、少しずつ研究が進められている。

図7.4 LL ブック
(出所)LL ブック（やさしく読める本）制作グループ編『わたしのかぞく：なにが起こるかな？』樹村房，2015．

　福祉先進国のスウェーデンでは、国が主導で出版を進め、普通の書店でも手にすることができるので、移民や外国人など別の母国語をもつ人も利用している。日本ではまだ出版点数が少ないが、今後、こういった情報資源がよく知られるようになれば、もっと要求が高まると考えられる。図書館でも、収集とともに PR していきたい情報資源である。

(2) ピクトグラム
　ピクトグラムとは、視覚記号のひとつで、事物や情報を見てわかるような単純な図記号にして表したものである（図7.5）。言語に代わる絵文字、絵単語として誰にでも伝わりやすい単純化したデザインになっている。非常口やトイレのマークなどがよく知られているが、利用案内やインフォメーションボードだけではなく、障害者サービスのための情報資源では、知的障害やディスレクシアなどの人が内容を理解しやすいように本に表示されている。

(3) リライト
　知的障害、発達障害などのある人が読んでわかるように「やさしく書き直す」のがリライト（rewrite）である。難しい漢字を使わない、単語をやさしい言葉に換える、文章を短いセンテンスにする、などである。しかし、実際にリ

第7章　障害者サービスのための情報資源

図7.5　ピクトグラムを掲載した情報資源
(出所）市川貴祐・小貫智晴（文）・溝井智大（写真），野口武悟監修『タカとハルの江の島のたび：小田急ロマンスカーにのって』（LL ブックにチャレンジシリーズ1）専修大学アクセシブルメディア研究会，2013，9 p.より，監修者提供．

ライト資料を図書館で製作した例はあまり聞かない。

2.6　そのほかの情報資源

(1) 日本語以外の情報資源

　日本語が母語ではないため、一般的な情報資源が読めない人も、図書館利用の障害がある。外国人が多く居住する地域では、サービスをするべき利用者層として認識してほしい。日本図書館協会の多文化サービス委員会では、民族的、言語的、文化的少数者（マイノリティ）に対し、知る自由、読む権利、学ぶ権利を情報資源の提供によって保障していくための図書館活動を行っている。情報資源の内容としては、利用対象者が、自らの出自、アイデンティティ、歴史、文化、言語を知るための情報資源、日本語を学ぶための情報資源、異文化理解や生活に必要な情報資源などがある。外国語の情報資源はどうしても英語に偏ってしまう傾向はあるが、利用対象者にどんな言語の情報資源が必要とされているかを調査し、新聞や雑誌なども含めて提供するとよい。

137

(2) 手話つきの絵本

　手話つきの絵本とは、文章を絵や写真で手話として表したものを画面に挿入したものである。透明シートを使う場合もある。いずれも出版点数は少ない。また、手話は本来動きのあるものなので、実際に聴覚障害のある利用者に提供するというよりは、手話への一般的な理解を得る役割を担っている。

(3) 嗅ぐ絵本

　果物などを表した絵を布で作成したものに、香料を染み込ませたマイクロカプセルをつけ、台紙に貼りつけて絵本にしたものである。布を爪でひっかくなどすることで果物の匂いが嗅げる。

　以上、さまざまな障害者サービスのための情報資源を紹介してきたが、障害者サービスのための情報資源には、「ここまで」という線引きはない。利用者の図書館利用の障害を解消できる情報資源があれば、それはすなわち、障害者サービスのための情報資源である。既成概念にとらわれず、使えるものがないかを利用者に寄り添って考えてほしい。

３　障害者サービスのための情報資源の貸出

　障害者サービスのための情報資源を必要とする利用者は、図書館に来館できないことも多い。通常のカウンターでの貸出のほか、郵送貸出や宅配貸出等の体制づくりが必要である。

　第四種郵便を利用すれば、盲人用の録音物または点字用紙を内容とする郵便を、対象となる利用者に無料で送付することができる。点字郵便物に関しては事前の届出は不要だが、「特定録音物等郵便物」については、あらかじめ「特定録音物等郵便物の発受施設」としての認可を受ける必要がある。その他状況に応じ「点字ゆうパック」「心身障害者用ゆうメール」「聴覚障がい者用ゆうパック」などの導入も検討したい。

第7章　障害者サービスのための情報資源

④　障害者サービスのための情報資源の PR

　近隣の公共図書館に障害者サービスのための情報資源があり、それを郵送等の方法で借りられることを知っている利用者は少ない。図書館で障害者サービスを提供していることや情報資源の種類などについては、定期的に、情報資源の展示や広報などへの掲載を依頼し、PR に努めたい。

　日本図書館協会のホームページ上には、障害者サービス委員会の活動として「障害者サービス用資料の閲覧と貸出について」(http://www.jla.or.jp/portals/0/html/lsh/shiryou-kashidashi, 参照2017.9.30) があり、全国の図書館に障害者サービスのための情報資源の貸出をしている。こういった情報資源を借りて研修や PR に利用したり、先進館を見学したりして、日頃から情報収集をしてほしい。

⑤　障害者サービスための情報資源のこれから

　2010年施行の改正著作権法で、情報資源を利用できる対象が「視覚障害者」から「視覚障害者その他視覚による表現の認識に障害のある者」となり、複製の種類も「当該視覚障害者等が利用するために必要な方式」とされたことにより、図書館がサービスを提供できる対象者の範囲を大きく広げた。さらに、2016年に「障害を理由とする差別の解消の推進に関する法律」(いわゆる「障害者差別解消法」) が施行されたことも、障害者サービスにとっては大きな後押しとなっている。今後も「マラケシュ条約」(盲人・視覚障害者その他の印刷物の判読に障害のある者が発行された著作物を利用する機会を促進するためのマラケシュ条約) の批准、さらなる著作権法改正などで情報資源の提供範囲も拡大していくことが見込まれる。

　成熟した社会は、多様性を尊重し、共生社会をめざしているが、図書館は、これらの法律ができる前から、「すべての人に」というスローガンを掲げてきた。いま、やっと、時代が図書館に追いついてきたのである。

139

しかし、「すべての人に」といっていた図書館が、そのサービスをきちんとすべての人に提供できていたのかどうか、これもいま一度、すべての図書館で考えてみてほしい。障害者サービスを実施していない図書館から、「わかってはいるけれどできない」とか「人手がない、予算がない」という声が聞かれることがある。しかし、いろいろな制約の中でもやれることは必ずある。それを模索することもしないで、「やらない」「やれない」ことを正当化し、あきらめてしまうのは、図書館の怠慢といわれてもしかたがない。

　これからの社会の中で、図書館が、なくてはならないものであるためには、図書館というものの価値を高めていくことが大切である。現代の図書館に求められるものは、「必要とされる図書館」「困ったときには図書館へ」などという言葉でも語られるが、サポートが必要な人々にこそ、きちんとしたサービスを提供できる図書館でなくてはならない。そのためにも、図書館員は、さまざまな図書館情報資源と利用者を結びつけることのできる専門家でありたい。

■□コラム7.1□■

障害の「がい」

　最近は「障害」という言葉を嫌って「障がい者」「障碍者」「障がい者サービス」という使い方をする自治体も多くなっているが、この章では「障害者サービス」、とした。「障害」の表記についてはさまざまな意見があり、平成22年の内閣府の調査でも結論は出なかった。当事者の意見も割れており、集約にはまだ時間がかかりそうである。そのため、この章では「障害者サービス」とし、「障害者」もあえてそのまま使っている。

　「害」の文字が負のイメージをもつとしても、それは図書館に由来するところであり、利用者を示すものではない。害をなしているのは社会であり、図書館である。また、「障がい者サービス」と表記することは正しい思いやりかもしれないが、そのことが図書館サービスの価値を高めるものではない。「おためごかし」といわれぬよう、胸を張って利用者を迎えられるサービスを提供したいものである。　　　　（新山順子）

第7章　障害者サービスのための情報資源

― ■□コラム7.2□■ ―――――――――――――――

利用者に教わる

　図書館利用の障害は人それぞれであり、多様である。担当になったからといって、そのすべてについて十分な知識をもち、対応できるわけではない。特にそれまで接したことがない心身障害のある利用者に接客するときは「失礼があってはいけない」と意識しすぎて、話しかけられなかったり、敬遠してしまったりする。しかし、わからないことは本人に聞くのが一番いい。自分が何も知らないことを正直に話し、素直に教えを乞おう。その際、介護者や通訳者ではなく、必ず本人に訊くことを心がける。本人と対話ができないケースでは家族や支援をしている周囲の人に協力してもらうこともある。

　情報資源についても、利用者のほうが詳しいこともある。最新の情報や機器類、トピックなどは、当事者の方がいち早く知っていたりする。そういう場合は、利用者に教えてもらえばいい。サービスの糸口がコミュニケーションから生まれることもある。そういった意味でも、日頃から気軽に図書館員に話しかけられるような雰囲気づくりは大切である。

　障害者サービスの対象者は、簡単に図書館まで来られない状況や情報資源を使えない事情がある中で、それでも図書館を使いたいと思ってくれる人たちである。なんとかならないか、を一緒に考え少しでもサービス向上につながることは取り入れよう。利用者と図書館員の距離が近い障害者サービスだからこそ、できることである。

（新山順子）

141

第8章	図書館情報資源の流通

1 出版社

　出版社は、情報資源を誕生させて、世の中に届けるところである。そして、さまざまな媒体と経路を通じて、人々に情報資源を提供している。図書館もその流通経路のひとつであり、生産した情報資源を収集、提供、そして保存するところである。図書館にとって、情報資源を生産してくれる出版社は欠かせない存在といえる。出版社と図書館は、著者と利用者をつなぐ役割を果たすべく、よりよい関係を築きながら、人々と情報資源との「出会いの場」をつくり続けることに努めるべきである。

　出版社には、情報資源の生産においてそれぞれの得意分野がある。広範な分野の情報資源を生産している総合出版社、社会科学、人文科学、医学・薬学、自然科学などの専門分野をもち情報資源を生産している専門出版社、そして、すでに絶版などの理由により入手困難な情報資源をよみがえらせる復刻系出版社などである。出版社の特徴を知っておくことは、選書やレファレンスサービスのときの有効な手がかりのひとつになる。

2 取　次

　出版社や書店の存在にくらべて、「取次」と呼ばれる流通卸の販売会社は、世の中ではなじみが薄い。印刷・製本された出版物は、直接販売などの場合をのぞき、取次を経由して全国の書店へ届けられる。取次は全国に多数存在する出版社と書店の間に立つことで、出版物の流通や資金の取引を円滑にする役割

第8章　図書館情報資源の流通

を果たしている。

　取次は、全国統一価格、同時発売、書店からの返品回収などのしくみをつくりあげてきた。書店からの注文を取りまとめ、出版社に必要な部数の発注を行い、書店へ届ける仕入代行機能、出版社から届けられた出版物を、決められた期日までに書店へ届け、売れ残った分は出版社へ返送する物流機能、出版社から出版物を仕入れて書店へ卸し、代金を出版社と決済する金融機能、新刊情報の案内やMARC（書誌データ）作成などの情報提供機能は、取次がもつ重要な役割である。

③　書　店

　福澤諭吉などの教えを受けた早矢仕有的（1837-1901）は、英学の必要性を感じ（江戸後期、学問の中心は蘭学であった）、日本で最初の株式会社「丸屋商社」（のちの丸善株式会社）を1869年に開業して、西洋文化を広く日本へ伝えるべく洋書の輸入販売を始めた[1]。日本で書物が流通しはじめた頃、出版社は販売もかねており、ちなみに社名に「書店」がつく出版社があるのは、そのなごりである。

　出版社から取次、そして書店という出版物の流通は、物流の早さが求められる。従来、出版物の取り寄せには、書店の店頭在庫、取次在庫、出版社の3カ所を順に探すことになる。出版社にしかない場合は、逆の経路をたどることになり、手元に届くまで10日から14日かかってしまう。

　アマゾンをはじめとするインターネット上に存在する書店では、在庫さえあれば当日でも届けられるシステムが構築され、従来の流通にたよる書店にとっては大きな脅威となっている。特色を出せない書店は淘汰され、大型書店では読書用のスペースを設けたり、手にとって選べるように、在庫の多さや品揃えの豊富さを競う時代となった。

1）丸善編『丸善百年史：日本近代化のあゆみと共に』丸善，1980-1981，3冊上巻（750p.）のp. 29-31より。

143

2000年には、2万1654店舗あった書店は2018年5月時点で1万2026店舗にまで減少してしまった。書店の大型化により、2010年頃までは書店数が減少しても売り場面積は増加する現象が起こっていたが、それ以降は書店の閉店の数に比例して売り場面積も減少しているのが現状である。市場規模が縮小すれば書店の売上利益も減少し、商売が行き詰まり、その結果廃業する書店があとを絶たない。2017年8月時点で420市町村の自治体から、書店がその姿を消している[2]。

④　図書館流通センターにおける流通

　図書館業務の外注は、日本図書館協会が書誌（目録カード）の作成を有料で行っていたことに始まる。この業務を引き継ぎ、MARC作成を行ったのが図書館流通センター（以下「TRC」）である。

　図書館情報資源の流通においては、専門業者に依頼することが多い。TRCでは、「TOOLi」（https://tooli.trc.co.jp, 参照2018.2.28）と呼ばれるポータルサイトへ注文すると、自館向けに装備された本が届く。通常では1カ月以上かかっていたことが、新刊が発行されてから7日から10日程度で貸出ができるしくみである。

　仕入部では、新刊情報をいち早く入手し、在庫とするタイトルとその必要冊数を決定している。また並行して、データ部では、流通する図書を発売前に取次から入手し、現物からMARCの作成にあたり、そのデータをもとに、カタログをかねた新刊情報誌『週刊新刊全点案内』（有料）の発行を行っている。「TOOLi」を経由して届いた新刊書の注文は、「ストックブック」と呼ばれる在庫棚から抜かれ、熟練した装備スタッフにより、図書館からあらかじめ出された装備仕様書に従って装備された後、出荷されるしくみである。

　仕入部では、全国の公共図書館および学校図書館からの注文数を予想し、発

---

2) 赤田康和・塩原賢「書店ゼロ自治体の2割：人口減・アマゾン…」『朝日新聞』2017年8月24日付（名古屋版朝刊）の1面より。

売後の受注部数も予測した上で、出版社へ注文が行われている。全国の図書館から受け付ける注文数を予測することで、極端な返品率の悪化を防ぐことができる。このことが出版社や取次の信頼を得ることになり、必要部数を確保することができている。

⑤ 再販制度と委託販売

5.1 再販制度

　再販制度（再販売価格維持制度）とは、出版社が自社の出版物の販売価格（定価）を決定し、契約によって取次や書店などの販売先にその価格を守らせる定価販売制度であり、独占禁止法により保障されている。

　定価販売を守ることの必要性として、著作物は、代替がきかず、多品種少量生産であることがあげられるが、著作者の利益を確保し、文化的性格からできるだけ安価に提供し、無用な価格の引き上げを招かないことが目的とされている。戦後、多様な商品がこれに該当してきたが、現在では、書籍、雑誌、新聞、レコード盤、音楽用テープ、音楽用 CD に限られている[3]。一般消費者が購入する場合でも、この制度が適用されないケースがあり、学校内での教科書販売や、生協、企業内売店など限られた購読者を対象とする販売の場合は、この制度の適用から外すことが許されている。

　また、この制度では、独占禁止法の規定上、「物」を対象としており、ネットワークを通じて配信される電子書籍は、「物」ではなく「情報」として流通するといった理解から、対象とはしていない。

5.2 委託販売

　委託販売とは、出版社・取次・書店の三者間において期間を定め、その期間内であれば、返品を認める販売方法である。委託品は、この方法が適用された

---

3)公正取引委員会「著作物再販制度の取扱いについて」（http://www.jftc.go.jp, 参照2018.2.18）より。

商品のことである。それ以外の返品ができない商品は、「買切品」と呼ばれている。

　委託販売の利点は、返品が可能なことから、書店の仕入れを促進することで、読者への露出機会が増えることにある。取次は書店の売り上げ実績や売れ筋を把握し、配本をパターン化することで多様な出版物をさばいている。書店にとってみれば、店頭にならべる本の決定に悩まなくてもすむ代わりに、ならべたい本があっても必要な冊数が届かないといったことも起こっている。

　委託販売の欠点は、返品数の増加を招いていることである。取次に出荷すれば売り上げることができる出版社は、時に安易な本の出版や過剰な増刷を繰り返し、その結果、書店での売れ残りが増加し、返品率の高止まりを招いている。

　出版社・取次・書店は、お互いが相関協力関係を保ちながら情報資源の流通の役割を担ってきている。いずれが欠けても、図書館は利用者への情報資源提供を続けることはできない。

第8章　図書館情報資源の流通

━ ■□コラム8□■ ━

図書館は著者の味方です！

　ビジネスコンサルタント兼作家がインターネットを通じて著書を無料で公開し、知名度を上げて、講演料を稼ぐビジネスモデルが存在する。同様に、新しい本が、著者からの丁寧な手紙が添えられて、図書館へ寄贈されることが目立つようになってきた。

　作家で芸人の西野亮廣（1980-　）は、自らの作品である『革命のファンファーレ』（幻冬舎, 2017）を、全国5500の図書館へ寄贈した。図書館での貸出が、本の売り上げのさまたげになっている、とした出版社への反論である。また、「本は高くて買えない」という子どもたちの声を聞き、絵本『えんとつ町のプペル』（幻冬舎, 2016）も、インターネット上で無料公開した。この行為は「子どもに読み聞かせをしたい」「手元に置いておきたい」という新たな読者を得て、インターネット書店ランキングで1位となった[*]。

　書店の棚が減少し、情報資源と利用者との「素敵な出会い」の機会が減少しているのであれば、図書館こそが、その「素敵な出会い」をより多くの人々に提供できるように努力するべきである。情報資源がなければ、図書館はただの建物にすぎない。出版社・取次・書店・図書館のいずれもが、情報を共有し、知恵を出しあえる関係であってほしい。

（島津英夫）

＊）西野亮廣オフィシャルブログ「『えんとつ町のプペル』を無料公開したら Amazon ランキングが1位になった」（https://lineblog.me/nishino/archives/9256313.html, 参照2018. 2. 19）より。

第9章	図書館情報資源の管理

① 情報資源の受入

1.1 受入業務とは

　図書館における受入業務は、情報資源を選択・発注・検収・登録・装備する工程が含まれており、利用者へ資料を提供する前段階の作業となる。選択については第4章で言及されているため、ここでは発注以降の受入業務について述べたい。なお、現在ほぼ全ての図書館でコンピュータ化が導入され、受入作業の全工程はきわめて合理化が進み、職員は容易に受入手続きができるようになった。このため、受入の工程は基本的な事項を中心に述べることとする。

(1) 発　注

　公共図書館における情報資源の入手経路は、大部分が購入である。購入するための発注作業については、図書館システムの中に発注システムが組み込まれており、オンラインで効率的に行うことができる。絶版書や古書など一般の流通ルートに乗らない図書については、通販サイトや各書店から発注することができる。自費出版本の発注については、直接電話で連絡を取り、購入の手続きを確認するのが望ましい。

　発注にあたっては、速く確実に納品してくれる業者を選ぶことが重要である。第8章で言及されたように、現在大半の公共図書館では、図書館流通センター（以下「TRC」）が発注から納品に至る過程を独占的に担う状況となっている。TRC の流通システムは非常に効率的に運用され概ね問題はないが、さまざまな場合の対応能力について常に留意しておく必要はあろう。

次に、発注する際には、書誌事項を確定させておく必要がある。目的の情報資源が注文カタログに掲載されていない場合もあるため、事前にタイトルと出版社名は正確に把握しておきたい。一方で、本当に所蔵していないかどうかの重複調査をしておくことも必要である。

発注に関する事前処理が終わると、館長および担当課の決裁を経て、その後、書店や図書販売会社へ発注する。決裁様式や発注様式は自治体の規模、図書館の所管部局、あるいは管理運営形態などによって大きく異なる。ただし、いずれも予算の執行状況を常に把握し、雑誌の改廃や予定価格の変更、情報資源の在庫切れによる納品不能など、不確定要素を考慮しながら調整していく作業が必要となる。

なお、納品不能のリスクが高い視聴覚資料については、予算の執行上、なるべく年内までに発注を終わらせ、納品期日を決めて督促をしていくことが重要である。そのほか、一般の情報資源を含めて未着資料の状況を定期的に点検把握し、督促後も変化がなければ速やかに発注を解約すべきである。

(2) その他の発注

公共図書館や大学図書館では、通常の発注のほかに見計らいによる発注、継続発注の2種類がある。見計らい発注は書店や取次が直接図書館へ資料を持ち込み、その中から選択し発注する方法である。詳細は第4章と重複するため省略する。

もうひとつは継続発注であるが、これは叢書、全集、講座などのシリーズや、年鑑・雑誌などの継続出版物が対象となる。この発注方法は、購入もれを防ぐため、出版のたびに発注しなくても継続して納品されるよう契約するものである。ただし、年度末など予算の残額が僅少になった状況では、不慮の出費となることもあるため、十分注意しておく必要がある。

(3) 検 収

検収作業とは、納品された情報資源が品質、形状ともに問題がないかを調査

するものである。一般にいうところの検品作業である。こうした作業は公費で購入する以上、必ず確認しなければならない。点検する項目は、欠陥本の有無と書類との照合確認である。

　欠陥本の点検については、落丁、乱丁、汚損、破損、付属資料の有無であり、問題があればすぐ返品し代替品を求める。また、納品書、請求書、見積書の証票を確認し、納品書と発注書を見比べながら未納品がないか点検する。その後、請求書や見積書の発注事項と価格を1点ずつ照合していくのであるが、購入冊数の多い図書館では大変な労力を要する作業となっている。

⑷ 登　録
　登録業務について、昨今はきわめて手続きの合理化が進んでいる。かつて情報資源の登録手続きは、まず図書原簿に登録番号、編著者名、書名、出版者、出版年、受入種別、価格を記入し、続いて情報資源にバーコードラベルを貼り、登録番号や受入月日の記入、蔵書印の押印など多くの必要手順を踏まねばならなかった。しかし現在は、図書館システムと MARC の飛躍的な進展により、一連の手順がほぼ不要となっている。なお、MARC の主流である TRC MARC は360万件の書誌データ（2017年6月時点）を蓄積しており、図書館流通センター「TRC MARC」(https://www.trc.co.jp/solution/marc.html, 参照2017.12. 23). によれば、全国の公共図書館3261館のうち2898館（88.9％）がこれを採用しているという。また、蔵書印についてもバーコードラベルの館名印字で代用できるようになり、あえて押印する必要性はなくなっている。

　ただし、MARC が付与されていない各種地域資料、古書、稀覯本、手書き資料などは、書誌データ作成のために自館で入力作業をする必要がある。こうした資料は内容、希少性、歴史的経緯など資料的価値の高いものが多い。そのため、資料によっては価値や保存を優先し、登録の際にバーコードラベルを直接貼り付けないなどの工夫も求められる。

1.2 蔵書の保管

　図書館は、情報資源を収集受入した後これを整理・保存するが、同時に利用者へ提供する業務も行わなければならない。通常、図書館には膨大な数の情報資源が集積されており、これらを適切に管理するため、装備・排架・点検・保護・製本・修理などの保管業務を行っていく必要がある。以下に、保管に関する各事項を示したい。

(1) 装　備

　収集した情報資源は分類、目録作成を経て、装備の作業に移る。装備とは、情報資源の管理や利用に便宜を図るために行う一連の作業であり、付属資料を収納するブックポケット作成、ブックラベルやバーコードラベル・IC タグの貼り付け、表紙のフィルムコーティングなどが含まれる。

1）ブックポケット

　ブックポケットは裏表紙の内側に適度な大きさのものを貼り付け、ここに地図などの付属資料を収めるものである。付属資料が CD・DVD である場合は、まず出版社へ貸出可能かどうかの確認を取らねばならない。可能との返答があれば、保存の都合上ブックポケットではなくケースに入れて別途管理し、情報資源とともに貸し出すようにする。

2）ブックラベル

　ブックラベルは本の背表紙に貼り付け、別置・分類・著者記号などの請求記号を記すもので、1〜3段式のものがある。かつては3段式が広く使用されていたが、幅が広いため背表紙の情報を隠す部分も多くなる。このため、近年では一段式ラベルの使用も目立つようになった。このほか、禁帯出などの表示シール、所蔵場所を示す独自のラベルやシール類もこれに含まれる。

　近年、さまざまな特設コーナーや独自の排架法を模索する図書館が増加しつつあるが、所蔵場所を示すためにシールやラベルを複数貼り付け、背表紙の情報が隠れてしまう例も見られる（図9.1）。こうした弊害を避けるため、ブックラベルはできるだけ最小限に抑えなければならない。

図9.1　ブックラベルにより副題や著者情報が隠れた例
(出所) 筆者撮影。

3) バーコードラベル

バーコードラベルは図書館管理システムに利用されている代表的な識別管理用品であり、公共図書館や大学図書館など広く使用されている。一般に、横書きの情報資源ならば表紙に、縦書きならば裏表紙に貼り付ける。ラベルにバーコードリーダーを当てれば瞬時に資料コードを呼び出すことができ、管理や提供の利便性を飛躍的に向上させている。

ただし、このラベル貼り付けにより、情報資源の劣化や表紙・裏表紙の情報を隠してしまうなど、資料価値の毀損問題につながる場合も少なくない。表紙に重要な情報があるものや貴重資料の場合、適宜保存用の封筒もしくは袋に入れて保管し、ラベルなど管理用の装備は封筒や袋など別途に施すべきである。管理上の都合で重要な情報資源を毀損してしまうことは極力避けねばならない。

4) IC タグ

IC タグは、1998年に岡山県の加計学園玉野総合医療専門学校図書館が初めて導入し、公共図書館では2001年に宮崎県の北方町立図書館（現在の延岡市立北方分館）が最初に導入した[1]。その後はしばらく停滞していたものの、2007年以降になると導入館が急増し、現在もその傾向は続いている。ただし、IC タグ導入に関する統計調査は実施されていないため、正確な導入館数は不明である。

この IC タグは電波で一度に複数の情報が遠隔読み取りできるため、機械が

---

1) 吉田直樹「連載 図書館の RFID 日本における導入の状況」『丸善ライブラリーニュース』no. 153, 2008, p. 12-13. https://yushodo.maruzen.co.jp/lib/lib_news/pdf/library_news151_12-13.pdf（参照2017.12.23）の p.12より。

自動的に情報資源を探し出すことや、利用者が自ら簡単に貸出返却作業を行うことが可能となった。業務の効率化やサービス向上の点で大きく貢献している。

なお、ICタグは、バーコードラベルのように情報資源の表紙または裏表紙に貼りつける必要がなく、本来ならば資料保存の点でもメリットがある。ただし、ICタグの寿命は有限であり、またタグが目立たないため所有者（所蔵館）をわかりにくくさせてしまう。このため、ICタグを採用する図書館の多くは従来のバーコードラベルも継続使用しており、資料保存の点でメリットはない。

5）フィルムコーティング

近年、公共図書館では、情報資源を粘着透明のフィルムでコーティングするのが一般的な装備となっている。このフィルムは抗菌・紫外線カットを謳っており、汚損や紫外線などによる情報資源の劣化要因を防ぐ役割がある。ただし、粘着性で取り外しが効かないため、コーティングは慎重に行う必要がある。貴重資料や表紙が薄く柔らかい資料などは、フィルムコーティングが逆に資料破損につながる場合もあるため、これを避けた方がよい。

(2) 排　架

排架とは、装備を施した後、利用者へ情報資源を提供するために行う作業である。一般的に、最初は新着図書の場所へ排架展示する。この展示期間は図書館によって異なるものの1週間〜1カ月で通常の書架へ移動する。その際、多くの図書館では情報資源を日本十進分類法（NDC）に従って請求記号順に排列するが、利用者の関心が高いテーマを横断的にピックアップし、適宜これを集めた「テーマ別排架」も併置している。こうした状況で利用者が情報資源を探しやすくできるよう、館内に書架案内図を明示する必要もある。

ところで、専門図書館や特別コレクションを多く所蔵する図書館では、NDCによる分類では細分化しきれないため、独自分類を作成して排架する場合がある。一方、賛否を伴う独自分類の例として、2012年以降に図書館指定管理者となったカルチュア・コンビニエンス・クラブ（CCC）がある。同社は運営する公共図書館の情報資源を全て独自のテーマ別分類に置き換えて排架した。

この独自分類と排架法は学術的な検証や考証が不十分で、かつ実験的な要素が強いことから、多くの議論を惹起させている。

⑶ 点　検

　通常、図書館の蔵書点検は年1回実施する。こうした点検により紛失や不明本を特定するほか、中身の点検を行い修理が必要かどうかの確認も行う。また、書架整理や貸出・返却など、通常業務時における情報資源の確認作業を重ねることも必要である。こうした作業により、蔵書の状態を恒常的に把握し、必要な処理をすることができる。

　ところで、公共図書館における蔵書紛失率は、『中小都市における公共図書館の運営：中小公共図書館運営基準委員会報告』（日本図書館協会，1963）に5％前後は当然とあり、驚くべき高い数値を挙げている[2]。この数値の根拠は明らかにされておらず、到底参考にはならない。一方、2015年に実施された図書館東海地区協議会研究会のアンケート調査によると、紛失は開架資料6818点に1点の割合で発生しており、紛失率は0.28％との結果が公開されている[3]。この数値が現状における一つの目安となろう。

　近年、BDS（Book Detection System）を設置する図書館が増加していることや、死角を減らす館内構造、書架配置になっていることもあり、紛失率は大きく減少している。ただし、雑誌や新聞の切り抜きなどの問題はどの図書館でも問題になっており、とりわけ2017年に発生した学校記念誌切り取り問題などは大きく報道された。利用者に対してモラルの向上や啓発を忍耐強く図ると同時に、予防手段として挨拶や声かけを積極的に行うなど、普段から利用者とコミュニケーションをとっておくことも重要である。

2）日本図書館協会編『中小都市における公共図書館の運営：中小公共図書館運営基準委員会報告』日本図書館協会，1963，217p. の p. 139より。
3）研究会アンケート担当運営委員「2015年度　東海地区協議会研究会アンケート調査結果」『館灯』no. 54, 2016, p. 80-90（https://www.jstage.jst.go.jp/article/kanto/54/0/54_80/_pdf,参照2017.12.23）の p. 88より。

第9章　図書館情報資源の管理

(4) 保　護

　情報資源の形態は一般的に紙媒体であり、装丁に皮革や布が使用されている場合もある。こうした情報資源は適正な条件のもとで保管しなければ次第に劣化が始まり、やがて利用することが困難になる。5章でも述べたが、劣化の要因は、酸性紙による崩壊のほか、日光（紫外線）、温度や湿度、カビ、虫や小動物、火災、水濡れ、人為的な破損などさまざまである。

　劣化の中で最も深刻な問題が酸性紙による腐食現象である。これは紙の製造過程で投入される製紙用薬品（硫酸アルミニウム：にじみ防止の定着剤）により、硫酸アルミニウムと紙の中の水分が反応し、数十年かけて紙を乾燥、崩壊させていく現象である。

　こうした問題に対し、貴重資料や特別コレクションを形成しているものであれば、劣化を遅らせるため保護紙に入れ保管しておく必要がある。その上で、内容が判読できるうちにデジタル化を進め、データとしても保存しておくことが望ましい。なお、保護紙とは保存性のある中性紙（良質の化学パルプ製品）のことで、封筒・箱などさまざまな形状で販売されている。酸性紙の情報資源はいずれ劣化して崩壊するため、早めに対処しておく必要がある。

　また、皮革を用いて装丁された本は、オリーブ油を染み込ませたガーゼで年1回軽く塗布することで、劣化による崩壊を防ぐことができる。

　湿度については、50～60％での保管が理想とされている。湿度が高ければ紙が水分を含んで波打ち、カビが繁殖する原因になってしまうため注意しなければならない。予算の減少に苦しむ図書館は多いが、情報資源の保存は図書館の根幹に関わる問題であるため、常に書庫内の空調や除湿機は稼働させておく必要がある。

　近年、図書館では大型の「書籍消毒機」（図9.2）を導入する館が増加しつつある。これは紫外線を照射し、書籍表面に付着した雑菌類を消毒すると同時に、ページに風をあててゴミや臭いを取るもので、衛生面が気になる利用者から喜ばれている。こうした機能は簡易的な曝書作業に相当するが、一台当たりの金額負担が大きいため、書籍の消毒が本当に必要かどうかなど、導入は慎重に検

図9.2 書籍消毒機
（出所）清須市立図書館にて筆者撮影。

討する必要があろう。なお、紫外線の照射や風当ては資料の劣化に直結するため、貴重資料や特別コレクション等に使用するべきではない。

　このほか、あまり保存状態の良くない近世・近代資料の寄贈を受けた場合、本の背のりを好む紙魚や、和紙に坑道をあけるシバンムシの幼虫が発生している場合がある。こうした虫は他の本も傷めることになるため、しばらく環境の良い別室に隔離して繁殖を抑え、状況によっては燻蒸で駆除し、その後に整理するのが望ましい。なお、博物館や資料館では資料の燻蒸作業を定期的に実施しているため、これに追加依頼をしてもよいであろう。

(5) 製本・修理

　図書館の情報資源は、利用されればされるほど傷むものである。これらの傷んだ情報資源は、図書館職員が日常業務を行う中で見つけ、適宜製本や修理をすることで維持していく必要がある。

　図書館で行う製本は、本文が外れたもの、表紙が取れたものを対象とする簡

第9章　図書館情報資源の管理

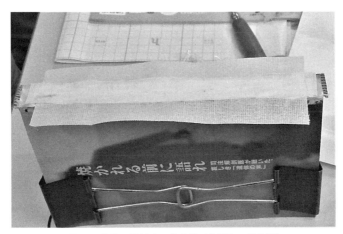

図9.3　補修に使用する寒冷紗（表紙との接合用）
（出所）津島市立図書館にて筆者撮影。

易製本が中心となる。具体的には絵本や図鑑などが多い。作業工程の詳細な内容については、まず表紙を剥がし、次いで本文の背に花布を貼って固定させ、その後寒冷紗とビニール糊を使用して表紙とつなぎ直すものである（図9.3）。なお、こうした簡易製本以外のもの、例えば雑誌や新聞の合冊製本は、基本的に専門業者に委託する。

　修理に関しては、軽微な汚破損の場合には図書館職員が行う。具体的には、ページの破れや欠けを補修する作業が大半となる。なお、破れの補修には薄い和紙である典具帖紙を使用し、欠損の補修には美濃紙を使用する。こうした製本や修理に関する用品は常に揃えておくべきである。

　ただし、製本や修理はなるべく単純な方法で、かつ復元可能なものに対して行うものである。入手可能な情報資源の場合、こうした修理作業に職員が長時間かかりきりになるのは、情報資源の購入金額と職員の時間給与とのバランスを考えた上でも望ましくない。また、もともと破損や劣化が進んでいる場合は、せっかく修理したとしても見た目が悪く、結局利用されないことになる。

　代替資料の所蔵がないものや新規購入が困難なものを除いては、補修の要否については総合的に判断すべきである。

157

2 蔵書の管理と評価法

2.1 蔵書の更新

　図書館の蔵書は、住民のニーズや地域の状況を反映させながら収集と廃棄を繰り返し、常に更新していくものである。一般に、蔵書は蓄積されれば蓄積されるほど利用の便宜も増していくものであるが、一方で実用価値のなくなった情報資源、例えば、より研究が進んだ医学書、環境や法律の変化で役に立たなくなったガイドブックおよび手引き書なども次々と出てくる。また、何度も利用されるうちに汚損破損が進み、利用に堪えられなくなる情報資源も現れる。

　こうした情報資源が書架を一定程度占有していると、全体的に古い情報資源が目立つようになる。また、利用者も図書館に期待感を抱くことがなくなり、結果として利用が減少する大きな要因となる。そのため、たとえ書架スペースが十分にあるにせよ、利用価値の減じた古い情報資源については、適宜閉架へ移す作業（除架）、および廃棄する処理（除籍）を行わなければならない。その後、新たに収集した情報資源を排架し、これを繰り返すことで積極的に蔵書の鮮度を保つようにする。こうした一連の作業を「蔵書の更新」といい、蔵書が図書館の目的を満たしているかどうか、利用者の役に立っているかどうかを調査する「蔵書評価」をもとに行うのである。

　一方、中小規模の図書館でしばしば見られるように、書架や書庫が狭隘のため、すでに蔵書の収容能力を超えてしまっている例もある。こうした図書館では、新たに購入した情報資源の数に応じ、スペース確保のため不要となった情報資源を廃棄しなければならない。蔵書評価と蔵書の更新は図書館業務において避けて通ることはできない問題なのである。

2.2 蔵書の廃棄

　情報資源を、利用者が直接手に取ることができる書架（開架）から倉庫である閉架へ移すこと（除架）は、利用者の目に触れる機会と利用を激減させるこ

とになり、廃棄（除籍）へ結びつくこととなる。このため、図書館員は廃棄の前段階である閉架移動についてどうしても消極的になる。

　この要因としては大きく4点が考えられる。すなわち、公共図書館では蔵書が多ければ多いほどよいという考え方、現在は価値がなくても「いつか再び利用されるかもしれない」との希望的観測、閉架移動とそれに伴う作業量の多さ、「市民の税金」で購入しているプレッシャーからの過度な慎重心理、などである。

　ただし、先述したとおり蔵書評価と蔵書の更新は必要な作業である。以下に、どのような基準で蔵書を廃棄するか述べたい。

　図書館で一般的に行われる除籍作業は、概ね次のような基準となる。

　①紛失した情報資源

　②汚損・破損のひどい情報資源

　③内容が改訂された旧版

　④利用の少なくなった複本

　⑤回収不能となった情報資源

　この基準は、誰に対しても説明がつくよう客観的かつ限定的に定められている。ただ、これだけでは対象となる情報資源が限られ、到底満足な蔵書の更新を図ることはできない。さらに、こうした除籍基準だけでは機械的な抽出作業と変わらず、図書館としての調査や判断（蔵書評価）が加わらない無責任な状態となる。

　除籍基準を規定している図書館の多くは、「不用資料」または「不要資料」という項を設け、蔵書評価を反映する内容も加えている。例えば神戸市立図書館では以下のように規定している[4]。

　・汚損、破損が甚だしく、使用に耐えず補修の不可能な資料。

　・時間の経過によって内容が古くなり、資料的価値がなくなった資料。

---

4) 神戸市立図書館「神戸市立図書館資料取扱要綱」2014, 4p.（http://www.city.kobe.lg.jp/ information/ data/ regulations/ youkou/ 8400/ img/ tosyokansiryotoriatukaiyoukou. pdf, 参照 2017.12.23）の p. 2-3より。

・時間の経過により需要が低下した複本。

・保存期限の経過した逐次刊行物不要資料。

この中で2点目の「資料的価値がなくなった」という項目が、蔵書評価による結果を示すものである。ただし、その判断根拠は「時間の経過による内容の古さ」とあり、どうしても抽象的な表現となる。

この根拠について踏み込んだのが、弥吉光長編『図書の選択』である。ここには情報資源の種類や内容ごとに「情報鮮度の年限」を提示し、判断根拠の一助となることを目指した。現在、この提示全てが必ずしも参考になるとは限らないが、情報資源の価値基準を年限で示した点は意義深い。以下に概要を紹介する[5]。

1類

　①哲学・宗教：通常10年。古典・名著・基本的図書は20年以上保存可。

　②心理学：通常10年。心理や道徳の通俗書は5年で廃棄を検討。

2類

　　歴史・地理：歴史の基本的資料は長期保存。ただし、時流で作られた歴史本ならば10年、または5年。伝記についても同様。地理について、特に人文地理や旅行記は内容の変化が早いため、名著以外は5年で更新。

3類

　①社会科学：社会情勢の変化に伴い更新する。事情、時局解説、教養書は5年。法律は改正に応じて全更新。古典や名著は例外として20年保存。

　②民俗、風俗、民俗学は歴史書に準じる。

4類

　　数学、自然科学：科学の発展により内容価値は低下。古典・名著を除き10年で更新。教養書や学習書は5年で更新。

5類

---

5) 弥吉光長編『図書の選択』（図書館の仕事　6）日本図書館協会，1967，196p. の p. 184-186より。

工業や各種産業は自然科学に準じる。基本理論は20年以上保存。

6・7類

　芸術・趣味：長い期間利用できるが、10年で更新した方が利用者の興味をひき起こす。名著や図集は高価であるからなるべく保存。芸術・趣味以外の6類（家政、競技など）は5年で更新してよい。

8・9類

　文学、語学：文学史、語学史、全集、叢書、概説書などは比較的長持ちする。中小図書館では10年更新。詩集や小説は初版を尊重するため、新版が出れば初版は別書架で保存。展示会などに利用する。

0類・参考図書など

①辞典：辞典は長期間利用されるため長く保存する。ただし、小辞典などは新刊や改訂がしばしば出版されるため5年1期として廃棄するのがよい。人名辞典や年表もこれに準じる。

②百科事典、専門事典：10年を目安に、交替の新刊書が発行されれば更新。名著や代替がないものは長期保存。

③年鑑、統計：5年保存で廃棄可。

④図書目録・書誌：他館の所蔵状況や出版状況を知るため永久保存。累増版の場合、永久版が出版されれば、これまでの月刊年刊等を更新。

⑤図書館学：専門書であるため、改訂版や新版が出版されるまで保存。

2.3　蔵書評価

　利用価値のある蔵書構成を維持するため、図書館は定期的に蔵書を更新しなければならないことは前述のとおりである。その際、適宜蔵書の再評価を行いながら、新しい情報資源の追加、補修などの維持管理、移管（後述する）、除架・除籍などを実施し、魅力ある情報資源群を構成していく必要がある。

　さて、蔵書評価法については、アメリカの図書館で行われる手法を紹介した『ALA蔵書の管理と構成のためのガイドブック』が大変参考になる（表9.1）。ここには評価視点を大きく「蔵書を中心とした評価法」と「利用者を中心とし

表9.1 蔵書評価法

蔵書を中心とした評価法	利用者を中心とした評価法
①チェックリスト法	⑤貸出調査法
②直接蔵書調査法	⑥館内利用調査法
③比較統計分析法	⑦利用者意見調査法
④蔵書基準適用法	⑧書架上の入手可能性の調査法
	⑨図書館間相互貸借の統計分析法
	⑩シミュレーションによる利用調査法

（出所）日本図書館協会『ALA 蔵書の管理と構成のためのガイドブック』（1995）より筆者作成。

た評価法」の２つに分類し、それぞれの手法内容を長所・短所を含めて詳しく
紹介している。以下に概要を紹介したい[6]。

① チェックリスト法

　適切な蔵書基準となるリストを用意し、これに基づいて所蔵しているか
どうかを確認する方法である。未所蔵の情報資源や分野を把握することが
容易であり、図書館職員の知識向上にも役に立つ。多くの公共図書館では
図書購入時に参照する新刊目録（新刊本や書評された図書の案内など）が、簡
略ながらリストの役割を果たしている。

② 直接蔵書調査法

　書架に並んでいる情報資源を、特定の分野ごとに調査する方法である。
調査内容は、当該分野における蔵書数、内容深度、刊行年であるが、当然
資料の保存状態もチェックする。こうした手法は図書館職員が蔵書を一定
の基準で手早く評価できることから、多くの図書館で実施されている。

③ 比較統計分析法

　他館の蔵書統計データと自館のデータを比較し、蔵書構成を変更してい
く手法である。どの図書館でも同じ分類・貸出統計を採っているため、
NDC 分類や紙芝居・文庫・雑誌など形態ごとの比較は容易である。各図
書館がホームページで公開する『図書館年報』で収集し、目安となる蔵書

6）アメリカ図書館協会図書館蔵書・整理業務部会編『ALA 蔵書の管理と構成のためのガイド
ブック』小川徹・河井弘志編・監訳、日本図書館協会，1995，160p. の p. 45-58より。

構成比率を算出することができる。

④　蔵書基準適用法

　　信頼性のある機関から蔵書構成に関する基準数値の提供を受け、これを
もとに自館の蔵書構成を編成していく手法である。ただし、我が国では数
値を明示することは極めて稀であり、この手法を用いた事例はない。

⑤　貸出調査法

　　貸出統計を分析することで、利用者がどの蔵書を利用しているのかを明
らかにする方法である。主題別に蔵書回転率を抽出することや、貸出回数
の多いもの、全く貸出がないものをリストアップし、利用者の性別や年齢
などと組み合わせてさまざまな分析が可能となる。欠点としては、貸出を
制限する情報資源についてデータを得ることができないことである。

⑥　館内利用調査法

　　貸出制限をかけている情報資源について、館内での利用実態を知るため
に行う方法である。館内利用の把握については正確な統計を採ることが難
しく、概要を知る程度にとどまるのが一般的である。調査方法は、利用者
が手に取った情報資源を利用後別の場所に置いてもらうことなどで把握す
る。

⑦　利用者意見調査法

　　館内の蔵書について詳しい質問項目を作成し、利用者に回答、もしくは
意見を聞く方法である。ただし、蔵書について積極的な意見を持たない利
用者や、実際の利用法と回答が異なる利用者も出るため、正確な分析をす
ることは難しい。

⑧　書架上の入手可能性の調査法

　　利用者の希望する資料が見つかったかどうかを調べる方法である。最も
簡単な方法としては、すでに貸出されている情報資源の予約や、未所蔵資
料のリクエストを調査することである。これにより利用者の要求する資料
を端的に把握することができる。

⑨　図書館間相互貸借の統計分析法

　　名称どおり、未所蔵資料のうち相互貸借したものを分析する方法である。これは⑧で紹介したリクエストの調査とほぼ同一内容である。通常、リクエストが提出されると、内容や金額によって購入もしくは他館からの相互貸借手続きを進める。ただし、相互貸借については各所蔵館の利用者を優先するため、新刊本や人気のある情報資源はできるだけ対象外にする傾向にある。このため、相互貸借資料の統計分析は利用者の多様な情報資源要求を知る上で有益となる。

⑩　シミュレーションによる利用調査法

　　図書館職員が利用者の要求する情報資源を想定してリストを作成し、それに基づいて蔵書を調査する方法である。これは①で紹介したように、図書購入時に参照する新刊目録（新刊本や書評された図書の案内など）が参考になる。

2.4　情報資源のリサイクルと移管

　除籍した情報資源については、近年、地域住民へのリサイクルとして提供する図書館が増加しつつある。また、利用頻度が多く情報資源の劣化が著しい幼稚園・保育所・学校・児童館などへ優先的に提供する館もある。これらは情報資源の二次活用法として有効である。一方、病院や老人ホームでは施設ごとの方針（清潔さの保持）により、古い本を敬遠または拒否することがある。

　ところで、情報資源の廃棄除籍を進める中で、不要と判断した本が実は極めて数少ない１冊であり、これを廃棄することで永久に情報が失われる場合もある。こうした情報喪失を防ごうと、愛知県図書館では2013年から全国に先駆けて市町村立図書館の除籍本を自館の所蔵へ移す移管事業「あいちラストワン・プロジェクト」を実施している。

　このプロジェクトは、県内に１冊しかない情報資源を除籍する際、廃棄せずに県図書館へ移管させ保存するものである。この事業を円滑に進めるため、県図書館では県下各図書館の蔵書データを突合できるシステムを構築しており、

第9章　図書館情報資源の管理

各図書館も協力しながら情報資源の保存取り組んでいる。

　参考のために、「あいちラストワン・プロジェクト」の概要全文を以下に紹介する[7]。

　　愛知県内の公立図書館では、毎年合計約100万冊の図書を購入する一方、書庫収容能力が限られることから、毎年約60万冊の図書が廃棄されています。廃棄される図書の中には、県内で唯一の所蔵であった資料（ラストワン）が含まれることが推測されます。市町村立図書館からはこうした事態を危惧し、このまま各図書館で廃棄が進むと相互貸借を依頼することもできず、今後利用者サービスに支障が生じるのではという声が出されました。平成22年度から愛知県公立図書館長協議会で検討を行った結果、こうした資料が除籍されることを防ぎ、確実に保存する体制の構築が必要であるという認識で一致し、市町村立図書館で保存が困難な場合は県図書館へ移管して保存することとなりました。そこで、県図書館で「あいちラストワン・プロジェクト」を立ち上げ、平成25年1月から試行を開始しました。ラストワンの確定は、県図書館が市町村立図書館から蔵書データの提供を受け、全データを突合して機械的に選別した後、横断検索システム「愛蔵くん」等によって個別チェックを行います。試行の結果を踏まえ、平成26年度中に名古屋市をはじめ38市町村の図書館が参加して本実施することとしています。

　このように、情報資源を除籍する前には「唯一の所蔵」かどうか、稀少性の有無を確認する作業が必要である。稀少性がなければリサイクルによる有効活用、稀少性が高ければ所蔵変更や移管などによる保存に留意し、図書館職員として蔵書を更新しながら情報の喪失も防ぐ責務がある。

---

7)愛知県図書館編『愛知県図書館の基本的な運営方針：すべての県民に役立つ拠点図書館をめざして』愛知芸術文化センター愛知県図書館，2014，27p. の p.14より。

165

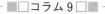

寄贈資料の受入と廃棄

　図書館では蔵書家やその遺族から寄贈された大量の書籍について、特筆する内容の情報資源でなければ、書庫の狭隘や利用見込みの無さ、受入手続きの煩雑さ等の理由で廃棄することがある。

　近年、公共図書館の寄贈本廃棄問題が報道され、資料に対する扱いが批判的に注目された*)。これらの個別的内容は省略するが、いずれも地域資料や貴重資料はほとんど含まれておらず、通常ならば廃棄しても問題にならない資料群であった。しかし、図書館と寄贈者との間でコミュニケーションを取らず、処分についての方針を伝えないまま廃棄してしまうと、著しく寄贈者の感情を害し大きな問題に発展する場合がある。

　地域の公共図書館が地元の蔵書家、文化人、研究者やその遺族から図書寄贈の申し出を受けることは多い。ただし、図書館が寄贈を受けるのは、個人文庫を作ることが目的ではなく、ここから地域資料や貴重資料、その他図書館にとって有用な資料を抽出し保存することにある。それ以外の古い書物や資料、参考書、研究書などは、所有者が余程の人物でない限り、一括して保存することは少ない。

　こうした方針について、図書館は寄贈を受ける際に本人や遺族に対し十分説明しなければならない。また、処分一任の了承を受けた場合でも、状況に応じてコミュニケーションを取れるようにしておく必要がある。図書館の中には寄贈資料の処分等によるトラブルを恐れ、寄贈を一切受け付けない館もあるが、それは地域資料の充実や地域との連携を図る上で得策ではない。

　寄贈資料に少しでも有用な資料があれば、地域の図書館は本来の役割を果たすためにも受入を検討し、その後の処分も寄贈者とコミュニケーションを図りながら円滑に進めていくべきであろう。

(園田俊介)

＊)「桑原武夫さん蔵書無断廃棄 京都市教委 遺族が1万冊寄贈」『朝日新聞』2017年4月28日付(夕刊)の11面より。

第10章	人を育てる情報資源

　人は生まれてからまもなく、まわりの大人たちから一方的に声をかけられて、やがて成長とともに、その声かけに反応するようになる。コミュニケーション、つまり、「ともに生きること」のはじまりである。

　大人たちは乳幼児とやりとりするために、赤ちゃん絵本などを使う。子どもたちが話せるようになったら、「しつけ」のはじまりである。「生きるための知恵」を教えるために、おとぎ話などを使う。自己主張が強くなってきた子どもたちには、物語のチカラを借りて、ものごとの善悪や社会に適応することを教えていく。情報資源は、人の成長に、いつもかかわっている。

① 自尊心と想像力を育てる情報資源

1.1 自尊心を育てるために[1]

　自尊心とは、「自分には生きる価値がある」と思うことである。人のいのちがあるかぎり、人の内面の中心で、ずっとささえてくれるものである。その基盤は、まわりの大人たちの愛情によって育まれていく。やがて、さまざまな人と出会うことによって、時には傷つき、少しずつ、自尊心はこわれていくものである。それでもなお、まわりの大人たちが、手間のかかる生活のしかたや身のまわりの楽しみ、いわゆる「生活文化」を子どもたちに手わたすことによって、ささやかながら、少しずつ、自尊心は育っていくのである。

　情報資源を使った「読書」も、大人たちが子どもたちに手わたすことができる「生活文化」のひとつである。

---

1)脇明子『読む力は生きる力』岩波書店，2005，191p. の p. 16-20 より。

1.2 想像力を育てるために

人間社会において、ともに生きるためには、想像力が必要である。ほかの人の思いや考えを想像しながら、たすけあいながら、お互いに成長していく。想像力は、人々がともに生きるための大切な動力である。

しかしながら、日常の生活のなかで、わたしたちは、ささいなことでぶつかりあうこともある。お互いの想像力のちがいにより、誤解や理解ができないことがあり、いやな思いをすることもある。想像力は、人の持つほかのチカラとおなじように、意識をして育てないと成長しないチカラである。

乳幼児のときには、絵と心地よいリズムのくりかえしの赤ちゃん絵本にふれて、「つぎはどうなるんだろう」という思いを育み[2]、やがて、児童書にふれて、簡単で地味な挿絵がついている物語の世界に入りこんで、物語のキャラクターたちのことを思ったりしながら、想像力を育んでいく。本という情報資源は、動画などの視聴覚メディアとくらべると、文字や画像などの限られた情報から頭のなかで動画や音などを想像しなければならないことから、じっくりと想像力を育ててくれる可能性がある。

2 大人からの愛情の手わたし

赤ちゃん絵本は、乳幼児の早期教育のための情報資源ではない。まわりの大人たちとのコミュニケーションのための情報資源である。大人と子どもが、うまくやりとりできるようになるための「道具」である。やがて、絵本や紙芝居の「読み聞かせ」をするようになったら、子どもたちは物語の内容に興味を抱き、お話の世界に入りこんでいく。子どもたちの想像力を育てることを忘れずに、大人は、自然な声と呼吸で、淡々と読んでいくことが大切である[3]。身近な大人たちの声、息づかいとともに、物語を読んでくれた思い出を、子どもたちは一生涯、忘れないと信じたい。

---

2) 前掲1) の p.39 より。
3) 前掲1) の p.55-56 より。

第10章　人を育てる情報資源

　情報資源は、無形の情報が、有形のいれものに入った状態で、外見は「モノ」ではあるが、人の成長に大きくかかわっていることを、わたしたちは忘れてはならない。

■□コラム10□■

情報資源とのつきあいかた

　フランス人小説家のダニエル・ペナック（Daniel Pennac, 1944- ）は、「読者の権利10ヵ条[1]（Le qu'en-lira-t-on[2]）」を記している。読むことは、自主的な行為であり、だれからも強制されるものではない。本を読む者には、自由がある。このことは、本だけではなく、あらゆる情報資源にあてはまることである。「情報資源とつきあう者の権利10ヵ条」である。もっと気楽に、情報資源とつきあいたいものである。

　第1条　読まない権利（Le droit de ne pas lire）
　第2条　飛ばし読みする権利（Le droit de sauter des pages）
　第3条　最後まで読まない権利（Le droit de ne pas finir un livre）
　第4条　読み返す権利（Le droit de relire）
　第5条　手当たり次第に何でも読む権利（Le droit de lire n'importe quoi）
　第6条　書いてあることに染まりやすい権利
　　（Le droit au bovarysme（maladie textuellement transmissible））
　第7条　どこで読んでもいい権利（Le droit de lire n'importe où）
　第8条　あちこち拾い読みする権利（Le droit de grappiller）
　第9条　声を出して読む権利（Le droit de lire à haute voix）
　第10条　黙っている権利（Le droit de nous taire）

（藤原是明）

1 ）ダニエル・ペナック『ペナック先生の愉快な読書法：読者の権利10ヵ条　第2版』浜名優美ほか訳，藤原書店，2006, 215p. の p. 171-202 より。第6条のみ著者の訳による。
2 ）Pennac, Daniel. *Comme un roman*. Gallimard, 1992, 197p. の p. 167-197.

参考文献

井上靖代「米国公共図書館における選書（資料選択）方針の現在」『カレントアウェア
　　ネス』no. 318，2013，p. 12-15.

大沢忍『パピルスの秘密：復元の研究』みすず書房，1978，138p.

田井郁久雄「『選書ツアー』の実態と『選書ツアー論議』」『図書館界』vol. 59，no. 5，
　　2008，p. 286-300.

豊田浩志編『モノとヒトの新史料学：古代地中海世界と前近代メディア』勉誠出版，
　　2016，259p.

日本図書館協会図書館の自由に関する調査委員会編『収集方針と図書館の自由』（図書
　　館と自由 10）日本図書館協会，1989，225p.

日本図書館情報学会研究委員会編『情報の評価とコレクション形成』（わかる！　図書
　　館情報学シリーズ　2）勉成出版，2015，173p.

パーキンソン，R.／S. クワーク『パピルス：偉大なる発明、その製造から使用法まで』
　　（大英博物館双書 古代エジプトを知る　2）近藤二郎訳，學藝書林，1999，152p.

ビアシ，P.『紙の歴史：文明の礎の二千年』（「知の再発見」双書 129）山田美明訳，創
　　元社，2006，190p.

三多摩郷土資料研究会編『地域資料入門』（図書館員選書 14）日本図書館協会，1999，
　　287p.

安井一徳『図書館は本をどう選ぶか』（図書館の現場　5）勁草書房，2006，164p.

安井一徳「研究文献レビュー蔵書構成」『カレントアウェアネス』no. 306，2010，p.
　　16-22.

山本昭和「公立図書館図書選択論の理論的発展」『図書館界』vol. 53，no. 3，2001，p.
　　332-336.

ワーキング・グループ編『防ぐ技術・治す技術：紙資料保存マニュアル』日本図書館協
　　会，2005，123p.

De Hamel, Christopher. *A History of Illuminated Manuscripts*, 2nd ed., Phaidon Press,
　　1997, 272p.

索　引
（＊は人名）

欧　文

『arXiv（アーカイブ）』　108
CD-ROM　42
CiNii　88
DVD　42
DVD-ROM　42
EPUB（イーパブ）　43
ICタグ　152
ISBD（国際標準書誌記述）　38
JAIRO Cloud　115
JAPAN/MARC　38
『Journal Citation Reports（JCR）』　113
LLブック　135
MARC（機械可読目録）　38,101,150
OPAC　46,115
『Science Citation Index（SCI）』　113
SPARC　114
TRC MARC　101,150
URI　47
URL　47
URN　47
W3C　37

あ　行

アーパネット（ARPANET）　38
あいちラストワン・プロジェクト　164
「青空文庫」　47
アッカド文字　6
アッバース朝　28
亜麻　28
亜麻仁油　33
アマゾン社　40
アラビアゴム　22
アルカリ　19,29
アルファベット　9
イオニア　16
移管　164

＊イスマイル・アラチ　36
イスラム　28,30
委託販売　145,146
委託品　145
一枚物　84
インキ　31
インク　12,22,23,25
印刷　27,31
印刷機　31
印刷術　31
印刷資料　83
印刷本　34
インターネットアーカイブ　49
インターネット資料収集保存事業（WARP）　49
インパクトファクター　113
インフォメーションセンター　79
＊ウァロ　16
ウィーディング（weeding）　74
ウガリト文字　6
受入業務　148
＊エウメネス王　16
エジプシャンブルー　12
エニアック（ENIAC）　37
絵具　25
欧州原子核研究機構（CERN）　37
オープンアクセス　113
オープンサイエンス　114
オープンデータ（OD）　114
折丁　26
オルトメトリックス　113
音声デイジー　128
オンライン検索システム　38
オンライン目録　→OPAC

か　行

＊ガーフィールド，ユージン　113
学術雑誌　107

171

学術雑誌　112
学術書　107
学術情報　105
学術情報資源　104
学術文献録音図書の製作　119
拡大写本　130
拡張されたコレクション　75
貸出調査法　163
風切り羽根　22
価値論　56,57
活字　31,32
活版印刷　31,32
学会　106
学会誌　106,108
学校図書館ガイドライン　65
学校図書館選定基準　65
紙　27
紙漉き　29,30
カヤツリグサ　9
軽石　21
カルタ・ペルガメーナ　16
カロリング製本　25
館内利用調査法　163
機関リポジトリ　46,115
郷土資料　77
記録資料　82
木枠　20
キンドル　40
金箔　24,25
グーグル社　39,112
グーグルブックス　40
グーグルブックス図書館プロジェクト
　　111,112
＊グーテンベルク，ヨハネス　31,32
楔形文字　6,7
クラリベイト・アナリティクス社　113
グリーンOA（グリーン・ロード）　114
＊クルシュ，ミリアム　14
燻蒸　156
継続発注　149
ゲームソフト　43
検索　53
検収　149

原著論文　107
叩解　29
仔牛　17
ゴールドOA（ゴールド・ロード）　114
国際DOI財団（IDF）　47
国際学術情報流通基盤整備事業（SPARC Ja-
　　pan）　114
国立国会図書館　41,118,119
「国立国会図書館サーチ」　118,123,131
「国立国会図書館デジタルコレクション」　89
国立国会図書館の資料デジタル化　111
国立国会図書館法　48
ゴシック製本　25
古拙文字　6,8
古代エジプト　9,12,13
古代ギリシア　9,12
古代ローマ　14
コラーゲン　17
コンテンツ　46
コンパクトディスク（CD）　41

さ　行

サーチャー　38
彩飾　24
彩色　12,14,24,25
細密画　24
再販制度　145
蔡倫　27
＊酒井忠恕　4
サザン朝ペルシア　27
冊子　14
査読論文　106
「サピエ図書館」　118,119,123,131
サブジェクトライブラリアン　109
酸化銅　12
酸性紙　98,155
ジェッソ　24
視覚障害者等用データ送信サービス　133
視覚資料　87
識別子　47
支持体　26
自治体史現代編　95
視聴覚障害者情報提供施設　118

索　引

字幕・手話・音声解説つき映像資料　134
『市民の図書館』　80
写字生　23
写真資料　87
写本　15-17,22,23,25
写本制作　22
『週刊新刊全点案内』　144
収集計画　60
収集方針　60,62
住宅地図　85
修理　156
出版社　142,143
シュメール文字　6
消石灰　19
障害を理由とする差別の解消の推進に関する
　法律　139
情報鮮度　160
情報メディア　2
除架　158
書誌　144
書誌レコードの機能要件（FRBR）　45
書写材　8,14,20
書物　6,34
除籍　74,158
除籍基準　159
書籍消毒機　155
書店　143,144
シリアルズクライシス　112
紙料　28
人工知能（AI）　53
神聖文字　13
深層ウェブ　47
水素結合　31
簀桁　30
スタンパー　29
ストリーミング配信　42
生活文化　167
制限的要求論　57
製紙　27-29
製本　15,25,26,34,156
石灰水　19,20
石膏　24
絶対的要求論　57

セマンティックウェブ　53
セルロース　28
全国視覚障害者情報提供施設協会　119
選書　109
選書委員会　67
選書会議　66
選書基準　62
選書権　66
選書ツアー　69
『選定図書総目録』　72
セントラルインデックス　53
尖筆　8,14
専門情報　105
相互貸借　164
蔵書基準適用法　163
蔵書点検　154
蔵書統計分析法　96
蔵書の更新　158
蔵書評価　158,161
蔵書評価法　94
蔵書紛失　154
装備　151
ソーダ灰　12,29

た　行

大学紀要　107
大学出版会
大学図書館コンソーシアム連合（JUSTICE）
　112
大活字本　130
＊大プリニウス　15
脱毛　19
多文化サービス　137
溜め漉き　30
タラス河畔　28
タンニン　22
地域資料　77,80
「地域副読本」　91,95
チェックリスト法　95,162
逐次刊行物　84,112
地図　85
地方行政資料　77
中小レポート　79

173

中世　20,23,29
直接蔵書調査法　162
著作権法　41,139
著作権法第37条第3項　119,120
定価販売制度　145
デイジー　119,128
ディスカバリーサービス　52,53
ディスレクシア　131,135
ティブルス　14
テーマ別排架　153
＊テオフィルス　18
手書き資料　86
テキストデイジー　133
テキストデータ　132
デジタルアーカイブ　39,101
デジタルオーディオワークステーション
　　（DAW）　41
デジタルオブジェクト識別子（DOI）　47
デジタル化　39,100,111,115
デジタルシネマイニシアチブ（DCI）　42
デジタル著作権管理（DRM）　42
デスクトップ・パブリッシング（DTP）　42
デバイス　40,111
デモティック　13
点検　154
電子化　39
電子行政資料　81
点字雑誌　124
電子雑誌　108
電子辞書専用機（IC電子辞書）　42
電子ジャーナル　43,108
電子書籍　42,43,134,145
点字資料　121
点字新聞　124
点字つき絵本　124
店頭選書・店頭見計らい　68
点訳絵本　124
登録　150
独自分類　96
特殊コレクション　96
独占禁止法　145
特定録音物等郵便物の発受施設　138
図書館　16

図書館ウェブサイト　115
図書館システム　46
図書館小識　78
図書館の自由に関する宣言　59
図書館の設置および運営上の望ましい基準
　　62
図書館法　48,77
図書館流通センター（TRC）　144,148
図書館令　78
取次　142,143

な 行

流し漉き　30
ナグハマディ写本　15
ナショナルアーカイブ　41
ニカワ　12,24,31
ニネヴェ　16
日本学術会議　106
日本学術振興会　106
日本の古本屋　90
布の絵本　125
ネスリン・エルミシュ　36
ネットワーク系の情報資源　44
ネットワーク系のデジタル情報資源　52
粘土　6-9
粘土板　6,8,9

は 行

バーコードラベル　150,152
パーチメント　16
ハーティトラスト　112
＊バーナーズ＝リー，ティム　37,53
＊ハールーン・アッラシード　28
灰色文献　81,88
排架　153
パスファインダー　46,115
発信　111,115
発注　148
羽ペン　22
パピルス　9
パピルス紙　10
パピルス草　10
＊早矢仕有的　143

174

索　引

パルプ　30
半月刀　21
ピア・レビュー　106
非印刷資料　83
ヒエログリフ　13
比較統計分析法　162
光ディスク　41
非記録資料　82,88
ピクトグラム　136
ビザンティン製本　25
羊　17
筆写　12,22,23
表層ウェブ　47
表皮　19,20
フィックス（固定）　40
フィブリル化　29
フィルムコーティング　153
フェアユース（公正使用）　40,112
＊福澤諭吉　4,143
複本　73
ブックハンティング　69
ブックポケット　151
ブックラベル　151
ブッラ　7
＊プトレマイオス王　16
プトレマイオス朝　13
ブラウジング　53,109
ブルーレイディスク　42
プレプリント　108
プレプリントサーバー　108,114
「プロジェクト・グーテンベルグ」　47
文書館設立運動　79
平成の大合併　80
＊ペナック，ダニエル　169
ペルガマ　15,36
ペルガモン　15,36
＊ヘロドトス　16
防長叢書　78
報道記事　88
ボーンデジタル（born digital）　44,75
ポケットブックス　90
保護紙　98,99,155
＊ホスローⅡ世　27

保存封筒　99
没食子インク　22
ホレンダービーター　29
本（book）　45

ま　行

巻物　12,14
マラケシュ条約　139
マルチメディアデイジー　130,131
丸屋商社　143
見計らい　68
見計らい発注　149
民衆文字　13
ムーアの法則　37
虫コブ　22
無料貸本屋　73
メソポタミア　6,8
メタデータ　53,54
文字　6
＊森鷗外　4

や　ら　わ　行

山羊　17,21
ヤフーオークション　90
ユーフラテス川　7
ユネスコ世界文化遺産　36
要求論　56,57
羊皮紙　15-18
ラピスラズリ　25
＊ラムセスⅢ世　14
卵白　21,25
リクエスト　163
リクエスト分析法　96
リグニン　28
リサイクル　164
リフロー（再流動）　40
利用者意見調査法　163
リライト　136
レファレンス事例データベース　46
蠟板　14
ローラー　10
録音資料　127
ロマネスク製本　25

175

論文加工料　114
論文データ　108
ワードプロセッサ　42

ワールドワイドウェブ（WWW）　37
わいわい文庫　131

監修者紹介

山本順一（やまもと・じゅんいち）
　早稲田大学第一政治経済学部政治学科卒業。早稲田大学大学院政治学研究科博士課程単位取得満期退学。図書館情報大学大学院図書館情報学研究科修士課程修了。現在、桃山学院大学経営学部・大学院経営学研究科教授。『新しい時代の図書館情報学　補訂版』（単著、有斐閣、2016年）、『シビックスペース・サイバースペース：情報化社会を活性化するアメリカ公共図書館』（訳者、勉誠出版、2013年）、『学習指導と学校図書館　第3版』（監修、学文社、2013年）、『行政法　第3版』（Next教科書シリーズ）（共著、弘文堂、2017年）、『図書館概論：デジタル・ネットワーク社会に生きる市民の基礎知識』（単著、ミネルヴァ書房、2015年）、『情報メディアの活用　3訂版』（共編著、放送大学教育振興会、2016年）、『IFLA公共図書館サービスガイドライン　第2版』（監訳、日本図書館協会、2016年）、『メディアとICTの知的財産権 第2版』（未来へつなぐデジタルシリーズ）（共著、共立出版、2018年）など。

執筆者紹介（＊は編著者、執筆順）

＊藤原是明（ふじわら・よしあき）**第1章、第10章**
　編著者紹介欄参照。

八木健治（やぎ・けんじ）**第2章**
　上智大学大学院外国語学研究科博士前期課程修了。現在、羊皮紙工房主宰。『モノとヒトの新史料学：古代地中海世界と前近代メディア』（共著、勉誠出版、2016年）。

山田　稔（やまだ・みのる）**第3章、第6章**
　愛知淑徳大学大学院文学研究科図書館情報学専攻博士前期課程修了。現在、愛知淑徳大学図書館司書（事務主任）。

村主千賀（むらぬし・ちか）**第4章**
　愛知淑徳大学文学研究科図書館情報学専攻博士後期課程単位取得満期退学。現在、東海学園大学人文学部人文学科准教授。

園田俊介（そのだ・しゅんすけ）**第5章、第9章**
　中央大学大学院文学研究科博士後期課程単位取得退学。現在、津島市立図書館館長。『情報資源組織法　第2版』（共著、第一法規、2016年）。

新山順子（にいやま・じゅんこ）**第7章**

　1985年より埼玉県川越市立図書館勤務。現在、相模女子大学非常勤講師、日本図書館協会障害者サービス委員会関東小委員長。『障害者サービスと著作権法』（共著、日本図書館協会、2013年）。

島津英夫（しまづ・ひでお）**第8章**

　愛知学院大学商学部経営学科卒業。放送大学大学院文化科学研究科修士課程修了。清須市立図書館副館長、西尾市立図書館分館統括責任者を経て、現在、高浜市立図書館館長。司書。

《編著者紹介》

藤原是明（ふじわら・よしあき）

愛知淑徳大学大学院文学研究科図書館情報学専攻博士前期課程修了。
現在、愛知県立大学教職課程・名古屋大学教育学部・福岡教育大学教育学部非常勤講師。
『現代日本の産業別マーケティング』（共著、ナカニシヤ出版、1994年）、『現代の経営と秘書と事務』（共著、学文社、1996年）、『資料・メディア総論』（共著、学芸図書、2001年）、『資料組織演習』（共著、勉誠出版、2003年）、『レファレンスサービス演習 改定版』（共著、理想社、2005年）、『学校教育と図書館』（共著、第一法規、2007年）、『資料・メディア総論 第2版』（共著、学芸図書、2007年）、『学校図書館への招待』（共著、八千代出版、2017年）など。

講座・図書館情報学⑨
図書館情報資源概論
——人を育てる情報資源のとらえかた——

2018年9月10日　初版第1刷発行　　　　　　　　　　　〈検印省略〉

定価はカバーに
表示しています

編 著 者	藤	原	是	明
発 行 者	杉	田	啓	三
印 刷 者	藤	森	英	夫

発行所　株式会社　ミネルヴァ書房
607-8494　京都市山科区日ノ岡堤谷町1
電話代表　(075)581-5191
振替口座　01020-0-8076

© 藤原是明ほか、2018　　　　　　　　　　亜細亜印刷

ISBN978-4-623-08395-4
Printed in Japan

山本順一 監修

講座・図書館情報学

全**12**巻

Ａ５判・上製カバー

＊①生涯学習概論　　　　　　　　　　　前平泰志 監修, 渡邊洋子 編著

＊②図書館概論　　　　　　　　　　　　　　　　　　山本順一 著

＊③図書館制度・経営論　　　　　　　　　　　　　安藤友張 編著

＊④図書館情報技術論　　　　　　　　　　　　　　河島茂生 編著

＊⑤図書館サービス概論　　　　　　　　　　　　　小黒浩司 編著

＊⑥情報サービス論　　　　　　山口真也・千　錫烈・望月道浩 編著

　⑦児童サービス論　　　　　　　　　　　　　　　塚原　博 編著

＊⑧情報サービス演習　　　　　　　　　　　　　　中山愛理 編著

＊⑨図書館情報資源概論　　　　　　　　　　　　　藤原是明 編著

＊⑩情報資源組織論［第２版］　　　　　　　　　　志保田務 編著

＊⑪情報資源組織演習　　竹之内禎・長谷川昭子・西田洋平・田嶋知宏 編著

　⑫図書・図書館史　　　　　　　　　　　　　　　三浦太郎 編著

（＊は既刊）

──── ミネルヴァ書房 ────

http://www.minervashobo.co.jp/